LE DEVOIR

ET

LA NATURE,

DRAME,

En cinq Actes et en Prose ;

Représenté avec succès à Paris sur le Théâtre
de l'Odéon, le 16 fructidor, de l'an 5.

Par le C. PELLETIER-VOLMÉRANGES.

Loin de moi ces esprits venimeux et mal faits,
Qui n'ont que le talent de trouver tout mauvais.
Si l'on verse des pleurs en lisant mon ouvrage,
Du critique attendri, j'obtiendrai le suffrage.

A PARIS,

AU BUREAU GÉNÉRAL DU MERCURE DE FRANCE,
chez CAILLEAU, Imprimeur-Libraire,
rue de la Harpe, N°. 461, en face de celle
des Cordeliers.

AN VII.

Je déclare que j'userai de toute la rigueur des lois envers ceux qui se permettraient de contrefaire la pièce du DEVOIR ET LA NATURE; chaque exemplaire de l'Edition, sortie des presses de CAILLEAU, sera revêtue de ma signature et de mon chiffre, au bas du frontispice.

Signé PELLETIER VOLNÉRANGES.

PERSONNAGES, COSTUMES ET EMPLOIS.

M. DE LUZINCOURT, Gouverneur de l'île. Habit bleu brodé en or, veste et culotte rouges, une écharpe de satin ponceau, chapeau bordé, bottes et éperons. } *Premier rôle.*

LAUREVAL FILS, Colonel d'un régiment des Colonies. Frac bleu, boutons jaunes, épaulettes et dragonne d'or, gilet et culotte de drap blanc, épée d'uniforme, ceinturon noir avec une plaque dorée au milieu, et des bottines. } *Jeune premier.*

LAUREVAL PÈRE, sous le nom d'*Edmond*. Habit gris, veste et culotte noires, et des bas gris roulés sur les genoux. } *Père noble.*

Mme. DE LOSANGES, robe très-riche, coëffure en plumes et des diamans. } *Mère noble.*

ROSALIDE, belle-fille de Mme. de Losanges. Vêtement très-pauvre. } *Jeune première.*

LA PIERRE, valet de Laureval fils. Frac écarlatte, veste et culotte jaunes, et chapeau bordé en argent. Au quatrième acte, une veste de postillon, des bottes et un fouet à la main. } *Premier comique.*

LA FLEUR, domestique de Mme. de Losanges. Grande livrée. } *Second comique.*

CHARLES, domestique de M. de Luzincourt. Habit vert, veste et culotte rouges. } *Annonce.*

LE GEÔLIER, habit brun, veste verte, culotte brune, une petite perruque noire, et un chapeau à trois cornes. } *Financier.*

LE FOURRIER, faisant les fonctions de greffier au conseil de guerre. L'uniforme qu'il voudra. } *Troisième rôle.*

L'AIDE-DE-CAMP, costume anexé à ce grade. } *Accessoire décent.*

A 2

L'OFFICIER, qui conduit les grena- ⎱ *Troisième*
diers dans la prison. Uniforme quel- ⎰ *amoureux.*
conque.

12 GRENADIERS, l'uniforme de leur ⎱ *Des militaires*
officier. ⎰ *instruits.*

3 LAQUAIS de Laureval fils. Costumes ⎱ *Accessoires.*
de la Pierre. ⎰

3 DOMESTIQUES de Mme. de Losan- ⎱ *Accessoires.*
ges. Livrée de la Fleur. ⎰

Composition du Conseil de Guerre.

Laureval fils, Président ; trois Capitaines, deux Lieu-
tenans, et un sous-Lieutenant. Tous ces personnages
seront représentés par des artistes qui auront la bonté de
vouloir bien observer la plus grande tenue dans leur costume. Des figurans ne complètteraient pas l'illusion.

La Scène se passe dans une île de l'Amérique,
en l'année 1780.

LE DEVOIR

ET

LA NATURE.

ACTE PREMIER.

Le Théâtre représente un très-beau Salon. Il doit y avoir une table placée à la première coulisse à droite de l'Acteur.

SCÈNE PREMIÈRE.

M. DE LUZINCOURT, L'AIDE-DE-CAMP, CHARLES.

(M. de Luzincourt est assis auprès de la table ; il écrit. L'Aide-de-camp est debout derrière lui , le chapeau à la main. Charles est au fond du théâtre.

M. DE LUZINCOURT, *donnant un papier à l'Aide-de-camp.*

TENEZ, monsieur , portez cela à votre général ; vous le féliciterez de ma part : sa der-

A 3

nière expédition met le comble à sa gloire.

(L'Aide-de-camp salue et sort.)

Charles.... quand monsieur de Laureval rentrera , vous lui remettrez ce billet , et vous le prierez de m'attendre.

(Il prend des papiers qui sont sur la table ,
les regarde et fait un mouvement d'horreur.)

Je ne puis, sans frémir, jeter les yeux sur cette fatale correspondance !.... ô vieillard perfide ! tu recevras le prix de tes forfaits.

(Il met les papiers dans sa poche , prend une
lettre cachetée qui est sur la table , et lit
l'adresse.)

« A monsieur de Luzincourt. — Bon , c'est une lettre de mes surveillans. *(Il rompt le cachet.)* » Le 19 juillet 1789. — Ils ont fait diligence : on ne peut être mieux servi.

(Il lit.)

« Monsieur le gouverneur est averti que les » troupes anglaises ont changé de position ; que » l'escadre qui devait leur amener du renfort » est arrivée ; et que leur dessein est de marcher » sur la ville pour l'assiéger et la prendre d'as- » saut. »

(Il se lève.)

Nous les préviendrons ! Je suis sûr des chefs de l'armée française , et la valeur des soldats me répond de la victoire.

SCÈNE II.

M. DE LUZINCOURT, Mme. DE LOSANGES.

Mme. DE LOSANGES.

Eh bien, monsieur, que vous annoncent les dépêches que vous venez de recevoir? On dit que nous avons tout à craindre de la part de nos ennemis.

M. DE LUZINCOURT.

Soyez sans inquiétude, madame ; j'ai tout prévu, nous ne pouvons être surpris.

Mme. DE LOSANGES.

Cependant, nous étions trahis. Qu'est devenu cet homme qui avait donné retraite au capitaine anglais ?

M. DE LUZINCOURT.

Il vient d'être arrêté. Je vais convoquer le conseil de guerre ; M. de Laureval y présidera, et le jugement qu'il va rendre, punira le coupable, et fera trembler ses pareils.

Mme. DE LOSANGES.

Monsieur de Laureval?.... Je venais vous parler de lui. Vous êtes son ami, et sa situation doit vous alarmer.

A 4

M. DE LUZINCOURT:

Des chagrins le dévorent en secret, et je n'en
sais pas la cause.

Mme. DE LOSANGES.

Je la cherche.... Et ne puis la deviner.

M. DE LUZINCOURT.

. Je ne l'ai jamais interrogé sur ce qui le con-
cerne, et pour en faire mon ami, il m'a suffi
de connaître son mérite et ses vertus. Mais,
vous, madame, d'où le connaissez-vous ?

Mme. DE LOSANGES.

A Paris, mon époux fut intimement lié avec
son père, et ce fut à cet homme respectable
qu'il m'ordonna d'adresser sa fille ; je le fis ;
mais cela ne fut point exécuté par son conducteur. Laureval, ayant éprouvé des malheurs,
vint en Amérique pour solliciter monsieur de
Losanges de lui procurer un état ; il n'était
plus, et je rendis à Laureval les services qu'il
pouvait en attendre. Après avoir fait une fortune immense dans le commerce, il prit le
parti des armes ; il se distingua par des actions
éclatantes, et parvint, par votre protection,
au grade élevé qu'il occupe aujourd'hui. Comblé
d'honneurs et de richesses, il est malheureux ;
il a l'air sombre, inquiet, et paraît consumé
par quelque peine qui le mine lentement. Que
penser ? Vous savez que je tiens au projet de lui
donner ma fille qui est au couvent.

M. DE LUZINCOURT.

Je vous approuve, et vous réponds de son bonheur.

Mᵐᵉ. DE LOSANGES.

J'ai la promesse de Laureval. Vous nous avez réunis dans votre hôtel, et cependant je le vois rarement. Des affaires d'intérêt lui firent accepter la main de ma fille ; je le liai par un écrit qui contient un dédit considérable, et rien ne peut le déterminer à finir.

M. DE LUZINCOURT.

Il faut le faire expliquer, il vous doit sa confiance.

Mᵐᵉ. DE LOSANGES.

Vous avez raison. (*Ici la Pierre traverse le théâtre.*) J'apperçois son domestique, et je vais le faire avertir. La Pierre.

SCÈNE III.

LES PRÉCÉDENS, LA PIERRE.

LA PIERRE.

QUE veut madame ?

Mᵐᵉ. DE LOSANGES.

Ton maître est-il chez lui ?

LA PIERRE.

Non, madame ; mais il ne tardera pas à rentrer. Hélas ! il me fait bien de la peine.

Mme. DE LOSANGES.

Comment, tu te plains de ton maître ?

LA PIERRE.

Oh ! non pas, madame ; mais en vérité, sa position est effrayante, et si cela dure, j'ai peur d'être bientôt sans condition.

Mme. DE LOSANGES.

N'as-tu rien de plus à m'apprendre ?

LA PIERRE.

Je ne sais rien de positif sur ce qui l'occupe et le chagrine. Il écrit souvent ; il soupire, il baigne son papier de ses larmes. Quand il part des vaisseaux, il m'envoie porter de gros paquets de lettres pour Paris, pour Londres, pour la Hollande ... pour tout le monde, enfin. Point de réponses. Cela le désespère, et sa tristesse redouble. Il y succombera, madame, j'ai tout lieu de le craindre ; car sans lui, que deviendrai-je ?.... Le plus grand malheur d'un pauvre domestique, est de perdre le meilleur des maîtres.

Mme. DE LOSANGES.

C'est assez. Quand il sera rentré, tu lui diras que je l'attends ici.

LA PIERRE.

Oui, madame.

(*Il sort.*)

SCÈNE IV.

M. DE LUZINCOURT, Mme. DE LOSANGES.

Mme. DE LOSANGES.

Je ne puis concevoir le sujet de sa mélancolie. Quoiqu'il en soit, je suis décidée à marier ma fille, et les biens que son beaupère lui a laissés peuvent la rendre digne de la main de Laureval.

M. DE LUZINCOURT.

Mais pouvez-vous disposer de ces biens, sans vous exposer à les rendre? Qu'est devenue cette fille, fruit du premier hymen de votre époux.

Mme. DE LOSANGES.

Elle n'existe plus.

M. DE LUZINCOURT.

Quelles certitudes en avez-vous?

Mme. DE LOSANGES.

Je les ai toutes.

M. DE LUZINCOURT.

Je n'ai plus rien à répondre.

Mme. DE LOSANGES.

Ecoutez-moi. Quand j'épousai M. de Losanges, nous étions tous deux dans le veuvage. Il avait une fille de son côté, comme j'en avais une du mien : j'étais sans fortune, et mon époux ne me fit aucun avantage. Mais en mourant, il déclara que ma fille serait son unique héritière, si la sienne venait à perdre la vie. Il était sans parens, il eût confiance en moi, et me fit dépositaire de ce qu'il avait, en m'en laissant la pleine jouissance pendant quinze années. Ses dernières volontés sont écrites, le testament est bien fait. Après la mort de son père, mademoiselle de Losanges fut envoyée en France pour son éducation.... Il l'avait expressément recommandée. Hélas!.....cette enfant mourut au bout de quelques mois. A présent, mademoiselle de Gercourt doit donc jouir des biens qui lui appartiennent. Mais il pourra, peut-être, s'élever des difficultés ; aidez-moi : les sollicitations d'un homme puissant me feront sans doute obtenir ma demande.

M. DE LUZINCOURT.

J'y consens. Etablissez votre demoiselle, et soyez assurée que j'emploierai tout mon pouvoir pour vous faire réussir.

Mme. DE LOSANGES.

Vous daigneriez..... malgré les soins de votre place......

M. DE LUZINCOURT, *l'interrompant.*

Pourquoi non? ma place me donne les moyens de faire des heureux; y manquer, ce ne serait pas la remplir.

Mme. DE LOSANGES.

Ah! votre ame noble et généreuse.....

M. DE LUZINCOURT.

Point d'éloge : quand je sers mes amis, le plaisir de les obliger est ma plus douce récompense.

(*Il sort.*)

***

SCÈNE V.

Mme. DE LOSANGES, *seule.*

VOILA ce que je desirais; ma fille sera riche!—
Une seule chose m'inquiète : mademoiselle de Losanges respire peut-être, et peut revenir réclamer son héritage; je jouis de la fortune de mon époux; elle est en droit d'y prétendre.......
alors que me resterait-il? Je l'éloignai de ces lieux dès sa plus tendre enfance, en feignant d'exécuter les volontés de son père; un homme d'affaire, que je crus m'être dévoué, la conduisit; il est mort, et je crains qu'il ne m'ait trahie. Je me suis apperçue qu'il me manquait beaucoup de papiers qu'il m'a dérobés, et j'ap-

préhende qu'il ne les ait confiés à quelqu'un pour les lui remettre un jour..... Mais ce quelqu'un n'a point paru..... mademoiselle de Losanges ne demande rien, donc elle n'est plus. Mon projet était bien conçu puisqu'il a réussi.

SCÈNE VI.

Mme. DE LOSANGES, LA PIERRE.

LA PIERRE.

MONSIEUR de Laureval.

Mme. DE LOSANGES.

Qu'il entre.

SCÈNE VII.

Mme. DE LOSANGES, LAUREVAL.

LAUREVAL.

MADAME, si j'avais pu prévoir que vous eussiez à me parler, j'aurais volé pour me rendre plutôt à vos ordres.

Mme. DE LOSANGES.

Je connais votre honnêteté, et je vais m'expli-

quer librement. Laureval, vos talens et vos
mœurs me déterminent à effectuer la promesse
que je vous fis ; je vous offris ma fille avec cent
mille écus, elle est à vous ; prononcez.

LAUREVAL.

Ah ! madame, que me proposez-vous ? ma
reconnaissance égale votre bonté..... Mais loin
de songer au bonheur, je ne desire que l'instant
qui me délivrera d'une vie importune.

Mme. DE LOSANGES.

Vous m'étonnez. Jeune, fait pour plaire,
quelles raisons peuvent donc ainsi troubler le
repos de vos jours ?

LAUREVAL.

Quelles raisons !..... Ah ! gardez-vous de vouloir les connaître : vous frémiriez au récit de
mes fautes ; elles sont grandes ! et le repentir
qui me dévore, m'en fait sentir l'énormité.

Mme. DE LOSANGES.

C'est en confiant ses peines, que l'on parvient
à les soulager. Dites-moi ce qui cause votre
tourment..... je l'exige de votre amitié.... accor-
dez-moi votre confiance, et croyez que je suis
incapable d'en abuser.

LAUREVAL.

Je devrais renfermer les motifs de ma douleur..... Mais vous le voulez.... je cède aux instances de l'amitié. Ecoutez, plaignez-moi, et
ne me méprisez pas.

Mᵐᵉ. DE LOSANGES.

J'écoute.

LAUREVAL.

Né dans l'opulence, la carrière du bonheur semblait s'ouvrir pour moi. Ebloui par les attraits du monde léger, guidé par des amis corrupteurs, ma fortune fut bientôt dissipée. Fils d'un père vertueux, je fus sourd à se sremontrances, insensible à ses larmes. Je redoublai mes dépenses, les créanciers m'accablèrent et la justice me contraignit d'acquitter mes dettes. La perte de ma liberté allait devenir la punition de mes égaremens : l'auteur de mes jours se présente, et s'engage pour moi ; il se dépouille de ses biens, et se rend le plus infortuné des pères, pour le plus ingrat de tous les fils.

Mᵐᵉ. DE LOSANGES.

Que m'apprenez-vous ?

LAUREVAL.

Ce digne vieillard voulant remplir ses engagemens, terres, châteaux, effets, furent vendus sans délai. O désespoir ! le produit n'étant pas suffisant, une sentence fut prononcée contre lui. Infâme que j'étais ! je le vis traîner dans les prisons, sans chercher à le sauver ! Je vis livrer à l'horreur de la misère, une jeune orpheline élevée par ses soins ; l'amour que j'avais pour elle ne se fit plus sentir dans mon cœur endurci. Enfin, j'ai tout trahi ; père, amante, amis, j'ai tout entraîné dans ma ruine ! Après les avoir perdus,

perdus, que pouvait-il me rester ? le mépris et le remords ; voilà ce que j'avais mérité, et voilà quel fut mon partage.

Mme. DE LOSANGES.

Quel affreux tableau !

LAUREVAL.

Pressé, à mon tour, par les gens que j'avais plongés dans le précipice où j'étais, je fus contraint de quitter la capitale ; et, pour me soustraire aux poursuites, je vins en ces lieux. Frappé des malheurs que j'avais causés, assiégé par le besoin, abattu par le sort, je voulais mourir ; mais retenu par le sentiment, je voulus vivre pour tout ce que j'avais rendu malheureux. Allons, me disais-je, il faut tout réparer ; pour y parvenir, il n'est qu'un seul moyen, la fortune : pour l'obtenir, travaillons, travaillons avec ardeur ; rendons le repos aux familles que j'ai ruinées ; pour une si belle cause, le ciel bénira mes travaux !— Je ne fus point trompé dans mon attente, je réussis, et tout est payé ! L'artiste, l'ouvrier, ont reçu leur salaire ; j'ai tari les larmes de l'indigent, et je sentis, mais trop tard, que le chemin du bonheur est celui de la vertu.

Mme. DE LOSANGES.

Vos malheurs sont grands ; mais cessez de vous tourmenter inutilement. Vos créanciers satisfaits, que vous reste-t-il donc encore à faire ?

B

LAUREVAL.

Beaucoup ! La dette la plus chère n'est point encore payée. Quitte envers le monde entier, je ne le suis pas envers mon père ! Amant parjure, il me faut réparer les fautes de l'amour. Revenu des erreurs d'une folle jeunesse ; depuis dix ans, séparé de ces êtres chéris, que n'ai-je pas tenté pour les découvrir, et faire cesser les maux dont je les accablai ! Le ciel, pour me punir, les dérobe à ma connaissance. Mon père s'est sauvé des prisons ; voilà ce que j'en ai pu savoir : il s'est sauvé, mais pauvre, mais abandonné de tous ; et, cédant à sa triste destinée, il aura fini ses jours en maudissant son fils.

Mme. DE LOSANGES.

Modérez votre affliction, Laureval ; le tems et vos recherches vous feront sûrement retrouver votre père ; et....

LAUREVAL, *l'interrompant.*

Je ne puis l'espérer ! je suis éloigné de lui ; mais sans cesse son image est présente à mes yeux : à chaque instant je crois l'entendre me reprocher mon ingratitude..... Quand on est aussi coupable, il n'est plus possible d'être heureux.

Mme. DE LOSANGES.

L'hymen et nos soins parviendront peut-être.....

LAUREVAL.

L'hymen ?.... ah ! madame, je ne dois pas
y penser. Je brûle encore pour cette orpheline adorable ! Cette passion me consume, et
m'empêche de m'engager avec une autre.

Mme. DE LOSANGES.

Quelle est donc cette orpheline à qui vous
vous intéressez tant ?

LAUREVAL.

Je ne sais : mon père ne m'a jamais révélé
le secret de sa naissance.

Mme. DE LOSANGES, *d'un ton sévère.*

Pourquoi donc avoir pris un engagement,
si votre dessein n'était pas de le tenir ?

LAUREVAL.

Je croyais le pouvoir alors. Vous étiez ma
bienfaitrice : jeune, sans expérience, la reconnaissance m'aveugla ; l'amour et l'honneur
m'éclairent. Cessez de me contraindre, et ne
me blâmez pas.

Mme. DE LOSANGES.

Mais ma fille a reçu votre parole.

LAUREVAL.

Oui.... mais elle n'avait pas mon cœur.

Mme. DE LOSANGES.

Avez-vous oublié qu'une promesse de ma-

B 2

riage vous enchaîne ? que cent mille livres du dédit....

LAUREVAL.

Ah ! voilà ce qui me console. Je puis racheter le droit de disposer de moi-même ; je n'hésiterai pas.

Mᵐᵉ. DE LOSANGES.

Quoi ! vous sacrifieriez cette somme pour vous dégager envers nous ?

LAUREVAL.

Oui, madame, j'ai trop de richesses, et point assez de tranquillité ; elle m'est nécessaire, je ne puis trop la payer.

Mᵐᵉ. DE LOSANGES.

Ainsi, vous refusez la main de ma fille ?

LAUREVAL.

Vous avez vu mon ame toute entière ; croyez-vous que je puisse accepter vos propositions ?

Mᵐᵉ. DE LOSANGES, *fièrement.*

Non, monsieur. Quand je vous donnai la préférence, je croyais que vous la méritiez ; je me suis trompée. Il ne vous reste plus qu'à remplir les conditions de votre promesse. — La confidence que vous venez de me faire me donne moins de regrets..... Je suis instruite ; c'est assez.

L A U R E V A L.

Madame.....

Mme. DE LOSANGES, *avec une colère concentrée.*

A présent rien de vous ne peut me surprendre. Qui perd son père peut trahir ses amis. Votre fortune vous donne le pouvoir de retirer votre parole ; mais elle ne serait pas suffisante pour réparer votre ouvrage. Adieu.

(*Elle sort.*)

SCÈNE VIII.

LAUREVAL, *seul.*

ELLE me quitte... Elle emporte mon secret !... Non, je ne trahirai point l'amante la plus chère! —Fatigué de mes forfaits, j'ai voulu rentrer dans le sentier de la vertu : ses charmes, quelquefois, ont adouci mes peines, mais ne les ont point arrachées de mon cœur. Jouissant des bienfaits dont je comblais les malheureux, je respirais un moment.... Me livrant à la bienfaisance, j'ai fait des heureux, et n'ai pû l'être moi-même. (*Il porte ses deux mains sur son front, et reste plongé dans la rêverie.*)

B 3

SCÈNE IX.

LAUREVAL, LA PIERRE.

(Cette scène doit se jouer avec beaucoup d'intérêt.)

LA PIERRE.

Monsieur, j'ai fait votre commission. (*Laureval reste dans la même attitude.*) J'ai visité les bâtimens. (*Laureval ne répond point ; La Pierre le tire doucement par le bras.*) Monsieur ?

LAUREVAL, *sortant de sa rêverie.*

Ah !..... n'as-tu rien à m'apprendre ?

LA PIERRE.

Rien.

LAUREVAL.

Je n'y résiste plus ! —Au port, est-il arrivé quelque vaisseau ?

LA PIERRE.

Depuis trois jours, aucun ; mais cette nuit, une corvette suédoise partira pour les Indes.

LAUREVAL.

J'écrirai !..... j'écrirai ! (*Il se promène à grands pas.*)

LA PIERRE, *en le regardant.*

Pauvre jeune homme !

LAUREVAL.

Point de nouvelles ; que je souffre !... Plus de repos pour moi qu'ils ne soient retrouvés. (*Il va s'appuyer la tête sur le dos d'un fauteuil.*)

LA PIERRE, *allant à lui.*

Mon cher maître, calmez-vous. (*Laureval tire son mouchoir, et le porte sur ses yeux.*) Vous pleurez?

LAUREVAL, *se relevant.*

Ah! si tu savais ! (*Avec bonté.*) La Pierre?

LA PIERRE.

Monsieur ?

LAUREVAL.

Ton père vit-il encore?

LA PIERRE, *d'un air affligé.*

Hélas! non, monsieur.

LAUREVAL.

Tu l'as perdu !.... je te plains. — L'aimais-tu?

LA PIERRE, *avec sentiment.*

Comme moi-même!

B 4

L A U R E V A L.

Ne lui as-tu jamais causé de chagrin ?

L A P I E R R E, *avec ame.*

Oh jamais ! Jamais !..... et tant qu'il vécût, je lui donnai tous mes gages pour le nourrir.

L A U R E V A L, *lui prenant la main, et avec force.*

Tu as fait du bien à ton père ! le ciel te récompensera.

L A P I E R R E, *avec sensibilité.*

Monsieur, c'est sans intérêt, et je n'ai suivi que les mouvemens de mon cœur.

L A U R E V A L, *à lui-même.*

Il a fait du bien à son père !..... Et moi..... moi !..... Ah ! malheureux ! (*Il va se jeter dans un fauteuil.*)

L A P I E R R E, *allant à lui.*

Monsieur......

L A U R E V A L.

Quel exemple !

L A P I E R R E.

Si je pouvais vous consoler.

L A U R E V A L.

C'est impossible !..... Va, mon ami, laisse-moi. (*La Pierre s'éloigne lentement.*) Un

valet valoir mieux que son maître ; quelle
honte.

SCÈNE X.

LES PRÉCÉDENS, CHARLES.

CHARLES, *une lettre à la main. Il entre au moment où La Pierre est près de sortir.*

PEUT-ON parler à monsieur Laureval? LA PIERRE *lui montre son maître, sans rien dire, porte une main sur son front, et sort.)*

SCÈNE XI.

LAUREVAL, CHARLES.

CHARLES, *s'approchant de Laureval.*

MONSIEUR, c'est de la part de monsieur de Luzincourt.

LAUREVAL, *se levant.*
Donnez.

CHARLES.

Il vous fait prier de l'attendre.

LAUREVAL.

Je l'attendrai.

(*Charles sort.*)

SCÉNE XII,

LAUREVAL, *seul.*

QUE me veut-il? Lisons :
« Nous étions sur le point d'être surpris ;
» un vieillard, nommé Edmond, nouvellement
» arrivé de France,.....

(*Laureval s'interrompt, et dit avec émotion.*)

Edmond !..... Un vieillard français !..... Si
c'était ?.... Continuons ;

» Et qui demeure dans une cabane éloignée
» de la ville, a reçu chez lui un capitaine
» de l'escadre anglaise qui est au mouillage
» à quelques milles d'ici. Ce capitaine a levé
» le plan des fortifications, et l'a fait porter
» à l'amiral. On a surpris sa réponse, qui était
» adressée dans l'habitation du vieillard ; il
» est donc clair qu'il est son complice. L'an-
» glais s'est échappé ; on le poursuit, et j'ai
» fait arrêter Edmond. Vous êtes nommé pré-
» sident du conseil de guerre ; dans une heure
» il s'assemblera, et l'accusé sera jugé dans le
» jour. »

(*Avec la plus grande sensibilité.*)

Voilà donc encore un malheureux ; et c'est

moi qui dois le condamner! Pourrai-je m'acquitter de cette pénible fonction? O douloureux moment pour un cœur sensible! Quelque juste, quelqu'éclairé qu'il soit, il n'est point de juge qui ne doive frémir, quand il s'agit d'envoyer son semblable à la mort.

SCÈNE XIII.

LAUREVAL, M. DE LUZINCOURT.

M. DE LUZINCOURT.

Ah! Laureval, je vous cherchais. Avez-vous reçu ma lettre?

LAUREVAL.

Je viens de la lire.

M. DE LUZINCOURT.

J'ai donné mes ordres, et le conseil va s'assembler ici.

LAUREVAL.

Ce vieillard est-il seul?

M. DE LUZINCOURT.

On assure qu'une jeune personne, très-intéressante, accompagne ses pas.

LAUREVAL.

Et cette personne, l'accuse-t-on?

M. DE LUZINCOURT.

Elle n'est point nommée dans la correspondance. Il serait injuste d'attenter à sa liberté.
On dit qu'elle pleure, et cherche à justifier
l'accusé.

LAUREVAL.

Ne pourrait-on me dispenser de remplir ce
cruel ministère?

M. DE LUZINCOURT.

Et pourquoi voudriez-vous refuser l'emploi
le plus auguste? Si l'homme de bien ne pu-
nissait les méchans, ils commettraient le crime
avec impunité.

LAUREVAL.

Oui, si la trahison est prouvée, cet homme
mérite la mort; mais, si les doutes les plus
faibles parlent en sa faveur, nous devons le
sauver.

M. DE LUZINCOURT.

Sauver un traître!

LAUREVAL, *avec la plus grande énergie.*

L'est-il? Je le déclare, je ne prononcerai
que sur des faits positifs. Périsse le juge ho-
micide, qui fait couler le sang de ses sem-
blables, sans avoir la preuve de leur crime.

M. DE LUZINCOURT.

Ah! celui dont il s'agit, n'est que trop

avéré. Ami, je ne vous demande point un jugement inique. Eh! quel intérêt aurais-je de faire
périr ce misérable? S'il est coupable, qu'il soit
condamné; s'il ne l'est pas, sauvez-le, sauvez-le;
c'est le vœu de mon cœur. Si je causais la perte
d'un innocent, par erreur, ou par injustice,
il n'y aurait plus de bonheur pour moi! —
Le tems presse, sortons.

LAUREVAL.

Allons. Fassse le ciel que je ne sois pas obligé
de punir.

Fin du premier Acte.

ACTE II.

SCÈNE PREMIÈRE.

Mme. DE LOSANGES, *seule, entrant plongée dans la rêverie.*

Non, je ne puis résister à mon indignation! Laureval, ingrat! Après l'avoir protégé.... Lui, sur qui je comptais, pour former un hymen qui devait assurer la fortune de ma fille et la mienne!..... Toutes mes espérances sont évanouies. — Quoi! rien ne l'arrête; rien ne lui coûte pour se dégager?..... Pour comble de malheur, peut-être serai-je forcée de rendre les biens de mademoiselle de Losanges; si cela est, je suis perdue; et c'est à mon désespoir à faire le reste. (*L'actrice doit bien faire sentir les rémords qu'elle éprouve; dans les phrases suivantes.*) Je suis bien à plaindre! On m'a fait agir contre mon gré..... Insensée! Où m'ont conduit la soif de l'or et l'amour maternel?..... Egarée par un monstre à qui je donnai ma confiance.... Maître des jours de cette enfant que je lui remis..... S'il avait porté ses mains barbares.... Capable de donner un mauvais conseil, il a pu l'être d'une mauvaise action! — Que je suis tourmentée! et que

la fortune coûte cher, quand il faut l'avoir
par un crime. — Monsieur de Luzincourt ne
vient point. — Je l'ai fait demander pour lui
communiquer la réponse de Laureval..... Hélas!
je ne puis que rougir devant lui; coupable
mère, je ne mérite pas cet ami vertueux. —
Le voici.

SCÈNE II.

Mme. DE LOSANGES, M. DE LUZINCOURT.

Mme. DE LOSANGES.

Ah, monsieur! venez et connaissez le procédé
de Laureval.

M. DE LUZINCOURT.

Qu'a-t-il donc fait !

Mme. DE LOSANGES.

C'est un perfide. Il se dégage, il propose de
payer son dédit, il refuse ma fille ; nous ne
pouvons rien pour son bonheur, et le cruel
détruit le nôtre.

M. DE LUZINCOURT.

Il faut le juger sans passion. Il vous a dit
qu'il aimait ailleurs ?

Mme. DE LOSANGES.

Oui.

M. DE LUZINCOURT.

Voilà son excuse.

Mme. DE LOSANGES.

Mais il trahit sa promesse.

M. DE LUZINCOURT.

Il ne la trahit point; il avait deux moyens
pour la remplir, s'il satisfait à l'un d'eux, il
est quitte.

Mme. DE LOSANGES.

Eh! pourra-t-il jamais s'acquitter de l'obligation qu'il me doit?

M. DE LUZINCOURT.

N'en exigez pas, il ne vous en devrait plus.

Mme. DE LOSANGES.

Qui pourrait l'en affranchir?

M. DE LUZINCOURT.

Vous-même, si vous reprochiez vos services.

Mme. DE LOSANGES.

Ne le défendez pas; un jour vous pourrez
vous en plaindre. Ingrat envers sa bienfaitrice,
il pourra le devenir envers son protecteur. Car,
enfin, il vous doit tout. Il est votre ouvrage.

M.

M. DE LUZINCOURT.

Je me garderai bien de m'en souvenir !

Mme. DE LOSANGES.

Pourquoi ?

M. DE LUZINCOURT.

Cela lui donnerait le droit de l'oublier.

Mme. DE LOSANGES.

Conseillez-lui donc de tenir ce qu'il a promis.

M. DE LUZINCOURT.

Moi, lui persuader de former ces nœuds, sans l'aveu de son cœur ? je ne serais pas son ami.

Mme. DE LOSANGES.

Vous pourriez lui représenter que la fortune la plus brillante........

M. DE LUZINCOURT, *avec la plus grande chaleur.*

Non, madame, un engagement éternel doit être contracté par le sentiment, et non par l'ambition. Malheur à celui qui s'enchaine pour s'enrichir ! De ces liens tissus par l'avarice, quels biens peuvent en résulter ? Sans amitié, sans tendresse l'un pour l'autre, l'épouse et le mari sont deux étrangers qui se connaissent à peine, et qui mettent en monceaux des trésors qui doivent servir à leur désunion. Ils sont riches, mais ils ne sont point heureux ; le caractère, les goûts, les principes, rien n'est

C

d'accord; mariés sans amour, ils vivent dans la contrainte, et finissent par se détester; unis par l'intérêt, la discorde les sépare. Forcés de se fuir, leur maison leur devient odieuse; ils cherchent, dans les plaisirs bruyans, un bonheur qui n'est pas fait pour eux. Prodiguant tout, le besoin se fait bientôt sentir; alors, plus de frein : le mari perd ses mœurs, la femme oublie ses devoirs, et la ruine est certaine. Les enfans, victimes d'une union mal assortie, rougissent de leur nom, se trouvent sans état, sans ressource, et maudissent leur naissance. Témoins de ces désordres, les parens se repentent d'avoir conclu cet affreux hymen; mais il n'est plus tems, le mal est fait, il faut mourir de chagrin.

Mme. DE LOSANGES.

Cependant, vous approuviez cette alliance.

M. DE LUZINCOURT.

Tant qu'il y a consenti; il s'y refuse, qu'ai-je à lui opposer? En les unissant malgré eux, si je causais leur malheur, un jour ils seraient en droit de me le reprocher. Il est mille circonstances où l'on peut conseiller son ami; mais pour le mariage, pour ce nœud respectable, qui ne doit se briser qu'au tombeau, point de conseils, point d'amis; c'est son cœur qu'il faut consulter.

Mme. DE LOSANGES.

Eh bien! qu'il se consulte; s'il persiste, un procès pourra.........

M. DE LUZINCOURT.

Gardez - vous de plaider ! Qu'y gagneriez-vous ? En faisant condamner Laureval, votre fille sera malheureuse, et votre gendre sera votre ennemi ; croiriez - vous avoir fait leur bonheur et le vôtre ?

Mme. DE LOSANGES.

Voyez Laureval, parlez-lui, et..........

M. DE LUZINCOURT.

Non, je veux tout ignorer. Un tiers ne servirait qu'à vous aigrir sans vous concilier. Vous avez de la raison, c'est le moment d'en faire usage.

SCÈNE III.

LES PRÉCÉDENS, CHARLES.

CHARLES.

Une jeune étrangère demande monsieur le Gouverneur.

M. DE LUZINCOURT, avec humeur.

Je ne puis lui parler à présent.

CHARLES, d'un air suppliant.

Elle se dit malheureuse, et vient demander des secours.

M. DE LUZINCOURT, *vivement.*

Elle a besoin de secours! (*Avec bonté.*) Faites entrer, je suis prêt à l'entendre.

(*Charles court à la coulisse, fait signe à Rosalide d'entrer, et sort.*)

SCÈNE IV.

M. DE LUZINCOURT, Mme DE LOSANGES, ROSALIDE. (*M. de Luzincourt est au milieu, madame de Losanges est à sa gauche, et Rosalide se place à sa droite, en entrant par la coulisse du même côté.*)

ROSALIDE, *éplorée.*

Ah! monsieur, ayez compassion de ma douleur, et calmez mon désespoir.

M. DE LUZINCOURT, *avec aménité.*

Que voulez-vous?

ROSALIDE.

Justice et pitié!

M. DE LUZINCOURT.

Que venez-vous réclamer?

ROSALIDE.

La liberté du vieillard que vous avez fait

enchaîner dans les prisons. Ne souffrez pas
qu'on l'opprime, montrez-vous équitable, et
soyez l'appui du malheureux.

M. DE LUZINCOURT.

Il est accusé, je ne suis plus le maître de ses
jours.

ROSALIDE, *avec force.*

Gardez-vous de croire ceux qui l'accusent !
Les faux délateurs sont les fléaux du monde, et
l'opprobre de la société.

M. DE LUZINCOURT.

Êtes-vous la fille d'Edmond ?

ROSALIDE.

Hélas ! le ciel m'a privé d'un tel bonheur !
Je fus abandonnée par des parens cruels, et s'il
ne m'a pas donné le jour, il me l'a conservé,
l'un vaut bien l'autre.

Mme. DE LOSANGES, *à part, vivement.*

Il n'est pas son père !

M. DE LUZINCOURT.

Et, qui vous attache à lui ?

ROSALIDE.

L'amitié, le malheur et la reconnaissance.

M. DE LUZINCOURT.

Quel est votre nom ?

ROSALIDE.

Rosalide est celui qu'il m'a donné.

M. DE LUZINDOURT.

Que n'est-il en mon pouvoir de méconnaître l'accusation portée contre ce vieillard, vos sollicitations ne seraient pas vaines; mais le délit est grave, et la loi.....

ROSALIDE, *avec véhémence.*

Doit frapper le coupable, et non pas l'innocent! Je connais Edmond; le crime n'est pas fait pour lui.

M. DE LUZINCOURT.

Ah! je desire que cela soit. Mais consolez-vous, et comptez sur mes bienfaits.

ROSALIDE.

Me consoler, quand mon ami va périr? eh! le puis-je? Quels que soient vos bienfaits, pourraient-ils me faire oublier les siens? Non, si je perdais le souvenir de ses bontés, je me rendrais indigne des vôtres.

M. DE LUZINCOURT.

Je sens votre délicatesse; je veux vous secourir et non vous humilier. Par état, et par penchant, je suis le père des infortunés : je leur donne sans orgueil, ils peuvent recevoir sans rougir.

ROSALIDE.

Si vous êtes généreux, rendez-moi donc mon bienfaiteur, ou faites-moi renfermer, avec lui, dans le même cachot.

M. DE LUZINCOURT, *avec expression.*

Les cachots sont pour le crime; et tant que je le pourrai, ils ne seront jamais l'asyle de l'innocence. — Vous êtes malheureuse, je vous dois secours et protection : acceptez, vous verrez que nous sommes des hommes justes, et non des juges sanguinaires; que nous savons punir le crime, et protéger la vertu.

ROSALIDE, *en pleurant.*

Eh ! que pouvez-vous m'offrir, si vous m'ôtez mon libérateur ? Pourrais-je vivre dans les lieux que vous auriez fait arroser de son sang ? Vainement mes larmes en effaceraient les traces ! C'est au fond de mon cœur que votre injustice serait gravée... Prenez garde de vous tromper ; la perte de sa vie sera peut-être le tourment de la vôtre.

M. DE LUZINCOURT, *avec douceur.*

Modérez-vous. Pour vous ôter tout sujet de plaintes, je veux que son juge vienne ici vous convaincre : vous allez l'entendre, et j'ose me flatter qu'après cet entretien vous n'aurez plus de reproches à me faire.

ROSALIDE, *confuse.*

Ah ! monsieur, pardonnez.....

C 4

M. DE LUZINCOURT, *avec la plus grande
aménité.*

Je serais bien injuste, si l'expression de la
douleur pouvait m'offenser! je n'ai vu que
votre malheur; et dans un homme sensible,
l'amour-propre disparaît devant l'humanité.

(Il sort.)

SCÈNE V.

Mme. DE LOSANGES, ROSALIDE, *se
cachant la figure avec son mouchoir.*

Mme. DE LOSANGES.

CALMEZ-VOUS, mon enfant, si vous refusez
les bienfaits du gouverneur, je vous offre les
miens.

ROSALIDE, *en pleurant.*

Ah, madame!

Mme. DE LOSANGES.

Vous m'intéressez, et votre éducation pré-
vient en votre faveur. Qui peut vous avoir
réduite à cet état déplorable?

ROSALIDE.

La cupidité d'une belle-mère cruelle.

Mme. DE LOSANGES, *à part.*

Qu'entends-je! (*haut..*) Et quel pays vous
a vu naître?

ROSALIDE.

Celui-ci.

Mme. DE LOSANGES.

Connaissez-vous ceux à qui vous apparte-
nez?

ROSALIDE.

Je ne sais que leur nom; et je crains bien
qu'ils ne veuillent pas me reconnaitre.

Mme. DE LOSANGES.

Pourquoi?

ROSALIDE.

Quand on est dans l'infortune, les parens
vous méconnaissent; ils m'ont rejetée dès
l'enfance, voudraient-ils m'être propices dans
l'adversité?

Mme. DE LOSANGES.

Il faut leur demander des secours.

ROSALIDE, *avec fermeté.*

J'ai moins besoin de leurs secours que de
leur probité.

Mme. DE LOSANGES.

Pourquoi donc avez-vous entrepris ce
voyage?

ROSALIDE.

Protégée par le vieillard Edmond, je venais réclamer les biens de mon père ; nous traversons les mers, et nous trouvons l'injustice et le trépas.

Mme. DE LOSANGES, *à part.*

Les biens de son père ! (*haut.*) Apprenez-moi vos malheurs, et soyez persuadée que je ferai tout ce qui dépendra de moi pour les adoucir.

ROSALIDE, *hésitant.*

Madame......

Mme. DE LOSANGES, *d'un ton affectueux.*

Parlez, ma chère enfant, je veux tout savoir, et regardez-moi comme votre meilleure amie.

ROSALIDE.

Ce titre m'honore ; mais vous paraissez sensible, et je ne puis me résoudre à vous affliger. Vous ne m'entendrez peut-être pas sans répandre des larmes.

Mme. DE LOSANGES.

Qu'importe ! on ne doit jamais regretter les pleurs que les malheureux font verser.

ROSALIDE.

Sachez donc combien je fus persécutée.—En recevant le jour, je perdis ma mère ; mon père forma de nouveaux nœuds et mourut quelque tems après,..... Voilà l'origine de tous mes maux! Ma belle-mère, voulant enrichir sa fille au préjudice de ma fortune, me bannit à jamais : enfant sacrifiée à l'avarice, victime d'une marâtre impitoyable, dès le berceau, je fus chassée de la maison paternelle; et quand mes yeux s'ouvrirent à la lumière, je n'eus pour perspective que l'abandon, l'exil et la mort. Cette femme avide eut la faiblesse de se laisser guider par le plus exécrable des hommes; et je fus confiée à ce misérable, qui se chargea du soin de me perdre. Arrivés en France, il choisit une retraite obscure, il sut me dérober à tous les regards..... Ce fut alors qu'il écrivit à cette mère dénaturée que je n'existais plus, et qu'il me fit passer pour morte, lorsqu'à peine j'étais née.

Mme. DE LOSANGES.

Vous me glacez d'effroi !..... continuez.

ROSALIDE.

Ma mort supposée laissait tous mes biens à mon ennemie : mais son complice crut devoir l'en faire jouir avec certitude..... Rien n'était plus facile. Il fit couler dans mon sein un poison lent et douloureux! (*Madame de Losanges fait un mouvement d'indignation.*) vous frémissez!..... ayez le courage de m'entendre.

Mme. DE LOSANGES.

Et comment échappâtes-vous ?

ROSALIDE, *avec la plus grande force.*

Par un coup du ciel, qui ne laisse jamais le crime impuni ! — Le scélérat, qui s'était chargé de tant d'horreurs, fut percé de coups dans une affaire ; ne pouvant recueillir le fruit de son forfait, il voulut l'expier, en tâchant de me sauver. Il envoya chercher Edmond, qui avait été l'ami de mon père, et, dès qu'il l'apperçût, il s'écria !.... « Secourez cette en- » fant, le poison la dévore ! »—Il lui remit quel- ques papiers, d'une main tremblante, et ce monstre expira dans la rage et le désespoir.— Mourante, dans un coin de ce repaire af- freux, le bon Edmond jeta les yeux sur moi ; ému par la compassion, il me prit dans ses bras, m'arrosa de ses larmes, détruisit le ve- nin qui circulait dans mes veines, et, me rendant à la vie, il me rendit au malheur.

Mme. DE LOSANGES, *avec le plus grand trouble.*

Grand Dieu ! qu'ai-je entendu ? (*vivement.*) Seriez-vous ? (*se retenant.*) Votre récit a porté le trouble dans mon cœur. (*Elle reste plongée dans l'accablement.*)

ROSALIDE.

Vous êtes attendrie ? Ah ! combien vous de- vez haïr cette femme odieuse, qui, pour avoir ses biens, voyait étouffer à son aurore une faible créature ; car enfin, quel était mon tort ? Ma naissance, qui causa ma perte ? mes ri-

chesses; d'après cet aveu, plaignez-moi, et
jugez-la.

Mme. DE LOSANGES, *égarée:*

Que pourrai-je vous dire?

ROSALIDE.

Pardonnez-moi de vous avoir affligée : vous
êtes tendre et compâtissante.... hélas! que ma
mère n'avait-elle votre cœur!

Mme. DE LOSANGES, *sortant de son éga-*
rement, dit avec force:

Votre belle-mère n'ordonna point ce forfait....., cela ne se peut, et je ne l'en crois
pas capable.

ROSALIDE, *avec ame.*

Plût au ciel!... Je ne demande pas mieux
que de la trouver innocente.

Mme. DE LOSANGES.

Elle l'est, sans doute! — Mais quel était le
nom de votre père?

ROSALIDE.

Madame, ce nom est un grand secret à
garder! Songez que ma vie et ma fortune en
dépendent. Ma marâtre, étant instruite que je
viens pour l'attaquer, pourrait se porter à des
excès......

Mme. DE LOSANGES.

N'en craignez rien, je vous protégerai....

Mais encore une fois, dites, quel était le nom de votre père?

ROSALIDE.

De Losanges.

Mme. DE LOSANGES, *à part, et désespérée, dit à demi-voix.*

Voilà ce que je redoutais, et tout est perdu. (*Elle se jette dans un fauteuil, tire son mouchoir et se couvre la figure.*)

ROSALIDE, *étonnée.*

Madame, qu'avez-vous donc?

Mme. DE LOSANGES, *se contraignant.*

Rien.... Rien. — Et, dans quel dessein venez-vous ici?

ROSALIDE, *tendrement.*

J'y viens chercher une mère.

Mme. DE LOSANGES, *troublée.*

Vous allez la trouver, peut-être, plus à plaindre que vous.

ROSALIDE, *vivement.*

La connaîtriez-vous? Ah! parlez : riche; elle me doit mes biens ; pauvre, je lui dois mes secours.

Mme. DE LOSANGES, *se levant.*

Oh! c'est trop souffrir!..... il faut....

SCÈNE VI.

LES PRÉCÉDENTES, LA PIERRE.
(*Cette entrée doit se faire avec précision.*)

LA PIERRE.

Mon maître demande une personne qui est avec madame de Losanges. (*Il sort.*)

ROSALIDE, *entendant nommer Mme. de Losanges, jette un grand cri et tombe à ses genoux.*

Ah! vous êtes ma......

Mme. DE LOSANGES, *voyant entrer Laureval, pose son mouchoir sur la bouche de Rosalide, et l'empêche d'achever. Cela doit s'exécuter très-vivement, et doit faire tableau.*

Taisez-vous ; je vous l'ordonne.

SCÈNE VII.

LES PRÉCÉDENTES, LAUREVAL, *restant dans le fond du théâtre ; ayant l'air préoccupé.*

Mme. DE LOSANGES, *continue en s'adressant à Laureval. Rosalide a la tête appuyée sur la main de Mme. de Losanges, ce qui fait que Laureval ne peut voir sa figure.*

Vous la voyez à mes pieds qui demande la grâce du vieillard accusé. (*à Rosalide.*) C'est de monsieur que vous devez l'espérer. Suppliez-le ; venez me rejoindre, et souvenez-vous que je vous ai promis mon amitié... (*bien bas.*) Gardez, sur-tout, votre secret ! me le promettez-vous ?

ROSALIDE, *à demi-voix.*

Je vous le jure, par l'honneur !

Mme. DE LOSANGES.

Relevez-vous. Je vais vous attendre, et je compte sur votre serment. (*à part, en s'en allant.*) Je triomphe, si le secret est gardé. (*Rosalide va s'asseoir dans un fauteuil, et s'appuie la tête sur la table. Madame de Losanges, en sortant, salue Laureval, et lui fait signe d'aller parler à Rosalide.*)

SCÈNE

SCÈNE VIII.

ROSALIDE, LAUREVAL.

LAUREVAL, *s'approchant doucement.*

MADEMOISELLE.... Comme elle est accablée!.. Monsieur le Gouverneur m'ayant fait part du sujet de votre visite.....

ROSALIDE, *sans le regarder.*

Je ne puis revenir de mon étonnement ! A quoi dois-je m'attendre ?

LAUREVAL, *ému.*

Quel son de voix frappe mon oreille ?

ROSALIDE.

Hélas ! que deviendrai-je ?

LAUREVAL.

Si j'en croyais mon cœur !.... Mademoiselle, écoutez-moi.

ROSALIDE.

Rendez, rendez-moi mon libérateur !

LAUREVAL.

Oui, je vous le rendrai, si je le puis ; et vous devez tout attendre de son juge.

D

ROSALIDE *se lève et regarde Laureval.*

Puisque vous êtes son juge.... (*avec un cri terrible*) Dieu !.... Laureval ! (*elle retombe dans le fauteuil.*)

LAUREVAL, *se jetant à ses pieds.*

Rosalide !.... ô destin , par quel bonheur nous as-tu réunis ! (*Ici La Fleur doit traverser le théâtre , en épiant Laureval et Rosalide.*)

ROSALIDE.

Est-ce bien toi ?.... toi , Laureval ! Et tu bénis le destin !

LAUREVAL.

Si je possède encore ton cœur , je dois le bénir à jamais.

ROSALIDE *se lève, et dit avec fermeté.*

Ne soupçonne point ma fidélité ; je suis sans reproche , et tu n'en peux dire autant.

LAUREVAL, *avec transport.*

Rosalide m'aime , il n'est plus de malheur pour moi !

ROSALIDE, *du ton le plus important.*

Tu es loin de prévoir celui qui te menace.

LAUREVAL

Il ne me faut plus que mon père , et je puis tout braver. Parle, qu'est-il devenu ?

ROSALIDE, *avec force.*

Crains de m'interroger.

LAUREVAL, *vivement.*

Pourquoi ?

ROSALIDE, *au désespoir.*

Ton père, que tu demandes....

LAUREVAL, *avec frayeur et vivacité.*

Eh bien ! où est-il ?

ROSALIDE, *d'un ton terrible.*

Dans les prisons, près d'être condamné par toi.

LAUREVAL, *avec horreur.*

Par moi ! Juste Dieu !

ROSALIDE.

Voilà son sort, tu peux juger du tien.

LAUREVAL, *hors de lui.*

Je succombe ; et la foudre m'eût moins frappé que cet aveu terrible ! Mon père est dans les fers, et va mourir par les mains de son fils?... Après ce coup, ô ciel ! sois satisfait ; jouis de ta vengeance, et pardonne mes crimes.

ROSALIDE, *étonnée, et s'avançant ensuite sur le bord de la scène pour faire son invocation.*

Que dis-tu?..... Quel langage ?.... Laureval

serait changé!.... Grand Dieu, prenez pitié
de ses tourmens; si son cœur est vertueux,
écoutez ma prière et pardonnez-lui.

LAUREVAL.

Plains-moi, j'en ai besoin. Le ciel se venge!
En exposant à mes yeux l'opprobre et l'infortune de mon père, c'est me dire: voilà tes forfaits! ôte-lui le jour pour le délivrer des peines
que tu lui as causées, et péris après. O ciel!
je suivrai ton arrêt.

ROSALIDE *prend la main de Laureval, et lui dit d'un ton ferme.*

Tu veux mourir sans sauver ton père?.....
ton délire t'égare; conserve ta raison, et laisse-
là tes remords.

LAUREVAL, *sortant de son délire.*

Quel trait de lumière!.... C'en est assez.

ROSALIDE, *vivement.*

Enfin, que deviendra-t-il?

LAUREVAL.

Comment le prévoir? Je ne puis empêcher
la loi d'agir.

ROSALIDE.

La loi?.... Malheureux, il est ton père!

LAUREVAL, *très-vivement.*

Oui, mais en le ménageant, je serais accusé
de tremper dans la conspiration, et nous pé-

ririons tous les deux. — Ce qui me désespère, c'est que les apparences sont contre lui.— Dis-moi la vérité, est-il coupable?

ROSALIDE.

Tu connais sa vertu, et tu peux le soupçonner? Tu n'es pas digne d'être son fils.

LAUREVAL.

Dans quelques heures, tu me jugeras mieux. Son nom supposé me sert bien dans le dessein que j'ai pris.... Mais, s'il se nomme, plus d'espoir pour nous.

ROSALIDE.

Il ne se nommera pas. Il m'a dit que jusqu'à la fin de cette affaire, il voulait rester inconnu.

LAUREVAL.

Je pourrai donc exécuter mon projet! Va, Rosalide; avant la fin du jour, je te forcerai de me plaindre et de m'estimer.

SCÈNE IV.

LES PRÉCÉDENS, LA FLEUR.

LA FLEUR, à Rosalide.

MADEMOISELLE, venez, madame de Losanges vous demande. (*Il se retire au fond du théâtre.*)

LAURÉVAL, *surpris.*

Madame de Losanges?.... Que te veut-elle?

ROSALIDE, *bien bas.*

Je ne puis t'en instruire.... On a les yeux sur nous. — Lorsqu'il me sera permis de parler, je te conficrai mes peines.... J'oublie mon malheur, pour ne m'occuper que du tien. — Adieu ; pense à ton père, consulte ton cœur, et fais ton devoir.

(*Elle sort, et La Fleur la suit.*)

SCÈNE X.

LAURÉVAL, *seul.*

O sort cruel ! en est - ce assez ; et ta fureur est-elle assouvie ? — O mon père, mon père ! quelle sera votre destinée ? — Il n'y a point à balancer, il faut me récuser ; tout le veut, et la loi m'y contraint ; il est mon père, et je ne puis prononcer contre lui. — Arrête, Laureval, que vas-tu faire ? pour mieux le servir, garde, garde l'emploi qui t'est confié ! —Après avoir examiné son accusation, si je ne puis établir son innocence, je me nomme ; alors la procédure devient nulle, je gagne du tems, et j'emploie tous les moyens pour le sauver. —Allons, éclaircissons-nous, et méritons l'estime. Oui, je paraîtrai le plus sévère des juges, et je serai le plus tendre des fils.

Fin du second acte.

ACTE III.

Le théâtre représente la salle d'audience du Gouverneur. A la première coulisse, à gauche de l'acteur, est un grand bureau couvert d'un tapis. Du même côté, est une petite table pour le Fourrier, qui fera les fonctions de gréffier : elle sera placée obliquement, mais peu éloignée du bureau. On aura soin de placer en demi-cercle des fauteuils pour les membres du conseil de guerre. A la droite de l'acteur, il y aura un tabouret pour l'accusé.

SCÈNE PREMIÈRE.

Mme. DE LOSANGES, LA FLEUR.

Mme. DE LOSANGES, *entrant vivement.*

MONSIEUR de Laureval va-t-il se rendre ici?

LA FLEUR.

Oui, madame.

Mme. DE LOSANGES, *à part.*

Il faut que je le voie, et que je sache de lui si

D 4

Rosalide n'est point comprise dans le procès de son conducteur. (*haut.*) Et Laureval était aux pieds de l'étrangère?

LA FLEUR.

Je vous l'ai dit, il lui faisait les protestations les plus tendres, et.....

Mme. DE LOSANGES.

Que fait-elle à présent?

LA FLEUR.

Elle pleure. On lui a dit que le conseil de guerre allait se tenir ici; elle veut absolument venir voir son ami. Elle est très-irritée contre vous, et se plaint hautement de la défense que vous avez faite de la laisser sortir. Rien ne peut la retenir; elle vient.

Mme. DE LOSANGES, *vivement.*

Allez, courez, empêchez-la de descendre, et suivez exactement ce qui vous est prescrit.

(*La Fleur sort.*)

SCÈNE II.

Mme. DE LOSANGES.

JE n'en puis plus douter, Rosalide est cette orpheline dont Laureval est épris. Elle est

la cause du malheur de ma fille et sera celle
de ma ruine. — Quel parti prendre? — Elle
est en sûreté chez moi ; son indiscrétion ne
peut me nuire..... Eloignons-la. Une existence
honnête pourra la satisfaire, et..... (*agitée par
les remords.*) Que vais-je entreprendre!......
Est-il possible qu'une seconde fois?..... (*Elle
reprend son caractère.*) Oui, la crainte de
la voir compromise dans une affaire crimi-
nelle, et la honte de retomber dans l'infortune,
me font tout surmonter. (*Avec la plus forte
expression*) Devrais-je encore?..... Je suis
combattue par les remords et l'ambition! Mais
la nécessité commande, elle est redoutable,
impérieuse, et c'est malgré moi que je suis
forcée de lui obéir.—(*Appercevant Rosalide.*)
Que vois-je?

SCÈNE III.

Mme. DE LOSANGES, ROSALIDE, LA FLEUR.

ROSALIDE, *suivie de La Fleur et d'un
autre domestique.*

UNE infortunée, qui vient défendre son bienfaiteur, ou partager son sort.

Mme. DE LOSANGES, *aux domestiques.*

Retirez-vous, mais ne vous éloignez pas ;

dans un moment , j'aurai des ordres à vous donner. (*Les domestiques se retirent par la porte du fond.*) Vous êtes bien imprudente ! Vous montrer en ce jour , c'est exposer ma réputation et la vôtre.

ROSALIDE.

Quand je devrais exposer ma vie pour Edmond , je n'hésiterais pas !..... Mais , madame , devais-je attendre de vous un traitement aussi cruel ? je garde votre secret , et l'on m'ôte ma liberté : on me retient..... On me menace même ! Je suis obligée d'employer la violence pour voler au secours d'un vieillard qui n'a que moi pour soutien ; et..... serait-ce par votre ordre ?

Mme. DE LOSANGES, *d'un ton d'autorité.*

Assurément ; deviez-vous l'enfreindre ? Cet homme, que vous venez défendre, est convaincu d'avoir trahi l'état:.... et si vous même aviez!.....

ROSALIDE, *vivement , avec effroi.*

N'achevez pas !..... Je suis perdue si vous m'accusez... (*Avec indignation.*) Je le crains... et je vous reconnais. Adieu , madame.

Mme. DE LOSANGES, *l'arrêtant.*

Où courez vous ?

ROSALIDE, *éplorée.*

Je vais chercher un asyle et des protecteurs.

Mme. DE LOSANGES, *effrayée.*

Des protecteurs, dites-vous?

ROSALIDE.

Oui, j'en ai besoin, puisque je ne puis retrouver une mère !

Mme. DE LOSANGES.

Eh! le pouvez-vous, dans cet instant fatal ?

ROSALIDE.

C'est à présent qu'elle devrait me tendre les
bras. Je souffre sans l'avoir mérité..... Vous
le savez, madame !

Mme. DE LOSANGES.

Moi, vous reconnaitre, lorsque ce vieillard,
qui vous a conduite ici, va recevoir la punition
de son crime ?..... Non.

ROSALIDE, *outrée et entrainée malgré
elle.*

Et c'est vous qui le chargez d'un crime ?....
Vous ?.... Lorsque j'oublie le vôtre, pour ne pas
vous le reprocher.

Mme. DE LOSANGES.

Qu'osez-vous dire ?..... Frémissez de votre
témérité !

ROSALIDE, *indignée.*

Ainsi, vous m'avez fait garder votre secret,

pour consommer votre horrible ouvrage ?.....
Vous m'avez trompée , craignez-moi !

Mme. DE LOSANGES.

Qui vous donne cette audace ?

ROSALIDE.

Votre dureté.

Mme. DE LOSANGES.

Vous connaissez Laureval, peut-être avez-vous
révélé ?.....

ROSALIDE.

Je connais Laureval, je me suis ressouvenue
de mon serment, et je ne vous ai point décélée.
Vous avez abusé de ma crédulité , mainte-
nant je vais agir. Cependant, je ne demanderai
que ce qui m'appartient : quant aux maux
que vous m'avez faits, je ne veux pas m'en
venger..... Vous portez le nom de mon père,
je ne dois pas le flétrir.

Mme. DE LOSANGES.

Vous ne sauriez m'en imposer. Tantôt, plus
humble, et plus soumise..... Sans les conseils
de Laureval... (*Rosalide fait un mouvement
de surprise.*) Je sais votre intelligence. Vous
l'aimez ; mais il ne vous aima jamais.

ROSALIDE.

Je ne puis le croire ! il m'aime : je suis malheureuse ; et, s'il a de l'honneur, il ne peut me
trahir.

Mme. DE LOSANGES.

Si je vous prouvais par un écrit, de la main de Laureval, qu'il brûle pour ma fille... Qu'auriez-vous à répondre ?

ROSALIDE, *troublée.*

Ce que je répondrais ?..... Mais..... Non : cela n'est pas possible !

Mme. DE LOSANGES, *lui donnant la promesse.*

Tenez..... et voyez par vous-même.

ROSALIDE, *prenant le papier.*

Serait-il vrai ?..... Lisons :

« De l'aveu de la plus respectable des mères,
» je promets à mademoiselle Sophie de Ger-
» court, fille de madame de Losanges, d'unir
» mon sort au sien par les nœuds de l'hymen.
» Si le hazard voulait que je devinsse parjure...
» Que cent mille l. de dédit soient ma punition.
» Cette clause sera réciproque..... Fait double
» entre nous. . . . .
» . . . .

« LAUREVAL. »

Je reste anéantie. (*après un silence.*) Traître ! si je n'écoutais que ma fureur, je te confondrais à l'instant ; je te forcerais à gémir de ton infidélité.... je.... mais je ne suis point persuadée ; ayant la preuve en main, le doute est dans mon cœur.

Mme. DE LOSANGES, *reprenant la promesse.*

Croyez-moi, renoncez à lui,

R O S A L I D E.

Ne l'espérez pas. On peut m'ôter mes biens,
mais jamais mon amant.

Mme. D E L O S A N G E S.

Cette promesse l'accuse.

R O S A L I D E.

L'amitié le défend.

Mme. D E L O S A N G E S.

Cet écrit vous prouve.....

R O S A L I D E , *l'interrompant vivement,*

Il ne me prouve rien; il est nul : il le fit sans
consulter son cœur.

Mme. D E L O S A N G E S.

Mais le dédit ?

R O S A L I D E , *avec ame.*

Eh qu'importe ! qu'il le paye et qu'il m'aime ;
il est sûr de son pardon.

Mme. D E L O S A N G E S.

Quels sont vos droits sur lui ?

ROSALIDE , *avec la plus grande énergie.*

Mes droits sont plus forts que les vôtres ! si

je n'ai point d'écrit, j'ai son amour ; notre dédit, c'est la mort.

Mme. DE LOSANGES.

Dois-je répondre de son inconstance ?

ROSALIDE, *rapidement et avec force.*

Non ; mais vous me répondrez de tous vos attentats. Si vous l'emportez sur moi, j'expose ma misère à tous les yeux.... Elle ne peut m'humilier...... vous seule en devez rougir. Une fois reconnue, je serai vengée ! On comparera le faste insultant de votre fille, jouissant de ma fortune, avec l'état horrible où vous m'avez réduite : qui pourra me refuser de la pitié, et de qui serez-vous approuvée ? Si Laureval est assez cruel pour m'abandonner, ce sera devant tout le monde que je lui reprocherai sa perfidie ; ce sera, devant votre fille même ! Et, lorsqu'elle voudra prononcer le serment, j'élèverai la voix pour l'en empêcher : j'irai, s'il le faut, jusqu'aux pieds des autels, réclamer la foi du parjure ! Une amante au désespoir ose tout ; et, dans ce moment affreux, il faut triompher ou mourir.

SCÈNE IV.

LES PRÉCÉDENTES, LE FOURRIER *apportant du papier et une écritoire qu'il met sur la table.*

LE FOURRIER *dit très-honnêtement.*

MESDAMES, voici l'heure où le conseil va s'assembler, et je vous préviens que personne ne peut rester ici.

Mme. DE LOSANGES.

Il suffit.

(*Le Fourrier sort.*)

SCÈNE V.

Mme. DE LOSANGES, ROSALIDE. *Ensuite* LA FLEUR *et un domestique.*

Mme. DE LOSANGES.

ROSALIDE, terminons nos débats. Bannissons le ressentiment, et que l'amitié nous unisse. Croyez que votre mère vous aime, et qu'elle fera tout pour vous le prouver. (*Elle appelle ses domestiques.*) Rentrez. (*Les domestiques rentrent.*) Reconduisez mademoiselle chez moi.

moi. (*Avec la plus grande douceur.* Allez, Rosalide......... soyez sans défiance....... Je vais vous rejoindre, et je vous promets qu'avant peu vous pourrez disposer de tous vos biens.

ROSALIDE.

J'obéis...Mais prenez garde de me tromper!... Si je vous en croyais capable, je ferais retentir ces lieux de mes plaintes, de mes cris; et la honte serait le fruit de votre cruauté. Mais la mémoire d'un père que j'honore, m'empêche de vous accuser, et m'impose silence. Voilà le motif qui me force à rentrer dans une maison que je devrais fuir pour toujours. Cependant, je demande, j'exige ce qui m'appartient....... Je vais attendre votre réponse ; méditez - la : je vous laisse à vous-même, et j'attends tout de vos remords. (*Elle fait une fausse sortie, revient, et dit bien bas.*) Un éclat vous perdrait, songez-y. Que votre propre intérêt me fasse obtenir ce que votre inhumanité m'a ravi........ Autrement, plus d'égards !........ Si je ne parviens à vous rendre sensible....... je vous forcerai d'être juste. Adieu. (*Elle sort, suivie des domestiques.*)

SCÈNE VI.

Mme. DELOSANGES, *seule, et comme anéantie.*

JE ne puis la blâmer de sa défiance, et de sa sévérité. — N'écouterai-je encore que mon

E

ambition ! ne devrais-je pas suivre les impulsions de mon cœur qui me disent de lui rendre sa fortune, et de me délivrer du remords qui me poursuit et m'oppresse ? — Mais, me réduire à l'indigence ! Mais, sacrifier le bonheur de ma fille !..... Non, je ne puis m'y résoudre. *(Ici Laureval entre lentement, en lisant des papiers.)* Laureval s'avance...... Retirons-nous. Il faut assurer à Rosalide un sort heureux, et chercher les moyens de l'éloigner d'ici pour jamais.   *(Elle sort.)*

SCÈNE VII.

LAUREVAL., *seul. (L'acteur aura l'attention d'ôter son rouge avant que d'entrer.)*

O douloureuse situation !..... Un père dans les fers..... et c'est son fils qui doit le condamner ! Ah Laureval ! Laureval ! *(En frémissant.)* On vient.

SCÈNE VIII.

LAUREVAL, M. DE LUZINCOURT, TOUS LES MEMBRES DU CONSEIL DE GUERRE.

M. DE LUZINCOURT, *à Laureval.*

ON amène le vieillard. J'ai voulu moi-même être présent à son interrogatoire. Accablé par

le poids des années, ses yeux obscurcis dis-
tinguent à peine les objets, et.....

LAURÉVAL, *l'interrompant.*

Il faut l'écouter; peut-être..... Le voici!....
Asseyez-vous. (*à part, sur le bord du théâtre.*)
Quelle épreuve..... et quel moment pour un
fils! (*Laureval et les juges s'asseyent. M.
de Luzincourt, n'étant point juge, se place
au coin du bureau sur le devant; et doit
en être un peu éloigné, Le Fourrier, faisant
les fonctions de greffier, se met à sa table.
Tout cela doit se faire sans confusion; et
avec majesté.*)

SCÈNE IX.

LES PRÉCÉDENS, EDMOND, HUIT GRENADIERS.

*Les huit grenadiers forment deux pelotons :
Edmond est entre le premier et le second.
Ils entrent par la coulisse à la gauche
de l'acteur. Le premier peloton marche
droit devant lui vers la coulisse opposée ;
Edmond, suivi du dernier peloton, fait
un pas en avant, et sort du centre. Quand
il en est sorti, les grenadiers font halte ;
front ; et garnissent le fond du théâtre.*

EDMOND, *dans le fond de la scène.*

ME voilà donc devant mes juges! Puisse la
justice les éclairer, et me faire rendre la liberté.

LAUREVAL, *en soupirant.*

Approchez ; (*Edmond descend sur l'avant-*
scène.) et jurez de répondre avec vérité.

EDMOND, *levant la main.*

Je le jure.

LAUREVAL.

Qui êtes-vous ?

EDMOND.

Homme d'honneur, et père malheureux.

LAUREVAL.

Votre nom ?

EDMOND.

Edmond.

LAUREVAL.

Le lieu de votre naissance ?

EDMOND.

Paris.

LAUREVAL.

Votre âge ?

EDMOND.

Soixante et douze ans.

LAUREVAL.

Votre état ?

EDMOND.

Ancien officier.

DRAME.

LAUREVAL.

Depuis quand êtes vous ici ?

EDMOND.

Depuis trois jours?

LAUREVAL.

Pourquoi vîntes vous dans cette isle ?

EDMOND.

Pour les intérêts de la personne qui est avec moi.

LAUREVAL, *vivement.*

Quels sont ces intérêts ?

EDMOND.

Son secret ne m'appartient pas ; je ne puis le révéler.

LAUREVAL, *prend un papier, le regarde et dit :*

Vous êtes accusé d'avoir conspiré contre l'état ; d'être le complice d'un capitaine anglais, qui cherchait à livrer la ville à l'armée qui doit en faire le siège ; et, de lui avoir donné retraite pour favoriser ses desseins criminels. Répondez.

EDMOND.

La calomnie et la méchanceté ont dicté cette accusation. Je ne suis point le complice du capitaine, je ne suis que son libérateur.

LAUREVAL.

Sa correspondance est à votre charge. Pour
quel sujet, ou par quel hazard, était-il chez
vous ?

EDMOND,

Voulez-vous m'entendre ?

LAUREVAL, *entraîné malgré lui.*

Si nous le voulons ?.... (*se remettant.*) Il le
faut : parlez.

EDMOND.

'Au déolin du jour, après un orage, le ciel
était calme et serein. Ranimé par la fraîcheur,
je dis à mon enfant de me conduire au bord
de la mer. Assis au pied d'une roche, nous
commencions un repas frugal, lorsque nous
entendîmes des cris perçans sortir du milieu
des flots. Un moment après, Rosalide apperçut
un homme qui nageait, et qui vint aborder sur
le rivage où nous étions : nous volâmes à son
secours ! — Son langage, ses vêtemens ne
m'annoncèrent point qu'il était anglais : je le
conduisis dans ma cabane, je lui donnai l'hos-
pitalité ; et, quoique pauvre, j'eus le plaisir
de soulager un infortuné.

LAUREVAL, *avec intérêt,*

Poursuivez.

EDMOND,

Je le reçus chez moi, on le sçut ; les gardes
vinrent pour s'en emparer, il s'enfuit, et l'on

qu'emprisonna. Voilà la simple vérité. Perdre la vie à mon âge est peu de chose ; et la mienne ne m'est point assez chère pour la conserver aux dépens de mon honneur.

LAUREVAL.

O vieillard, qu'avez-vous fait ! Il fallait savoir à qui vous donniez des secours.

EDMOND, *avec force.*

Quand un homme est prêt à périr, on ne l'interroge pas ; on le sauve.

LAUREVAL.

Vous avez commis une grande faute !

EDMOND.

Cela se peut ; mais ne sachant pas que cet homme était l'ennemi de ma patrie, je ne devais point être l'ennemi de l'humanité. — Quel est mon accusateur ?

M. DE LUZINCOURT.

Moi.

EDMOND.

Et que savez-vous donc ?

M. DE LUZINCOURT.

Je sais que ce capitaine, après avoir pris connaissance de la position de cette ville, préparait une surprise où vous seul deviez être épargné. Ses plans, ses marches, ses attaques, sont dans les mains de son général. L'émissaire, qui les lui porta, hier, à son retour, fut arrêté par un détachement; il voulut faire résistance et tomba percé de coups. En expirant, il dit que l'anglais résidait en votre cabane, et lui-même indiqua les moyens de s'en emparer. Cette lettre, trouvée sur lui, dépose contre vous, et fait votre condamnation. Écoutez, et justifiez-vous, s'il est possible.

EDMOND, *avec chaleur.*

Me justifier! et de quoi donc?

M. DE LUZINCOURT.

De votre trahison.

EDMOND, *avec indignation.*

Moi, traître!

M. DE LUZINCOURT.

Vous. (*Prenant la lettre qui est sur la table.*) Regardez la preuve de ce que j'avance.

EDMOND, *avec la plus grande force.*

Regardez mon sein couvert de blessures! Je les ai reçues pour la France; et voilà ce qui prouve que je fus son appui, et non pas son oppresseur.

LAUREVAL, *d'un air souffrant, dit à M. de Luzincourt, en lui prenant la lettre.*

Abrégeons, je vous en supplie. (*Il donne la lettre au Fourrier.*) Lisez cette lettre, qu'il réponde, et finissons.

LE FOURRIER *lit.*

« Du conseil de l'Escadre anglaise,

» *Au Capitaine* GEORGE ROSTER.

« Votre naufrage nous est plus favorable que
» vous ne pensez, puisque la tempête vous a
» jeté dans l'île que nous devons attaquer. Nous
» vous félicitons d'avoir tiré les plans qui nous
» étaient si nécessaires pour mettre en exécution
» la fameuse entreprise que nous projettons
» depuis long-tems. Cette île sera bientôt en
» notre possession; et nous pouvons espérer que
» cette campagne se terminera glorieusement
» pour nous. Assurez le vieillard Edmond, qui
» vous a donné retraite, de toute notre recon-
» naissance; il vous a trop bien servi pour ne
» pas éprouver les effets de notre gratitude; si
» nous sommes vainqueurs, il sera le seul épar-
» gné; d'ailleurs, il peut compter sur une ré-
» compense proportionnée au service qu'il rend
» à toute l'Angleterre.

» *Signé* THOVARD, général. »

LAUREVAL, *à Edmond.*

Qu'avez-vous à répondre ?

EDMOND.

Que j'ignorais les secrets de l'anglais; que
cette lettre dépose contre moi; que je vous
parais coupable, mais que je ne le suis pas. —
Je suis confondu..... Ma surprise égale mon

malheur !.... Grand Dieu ! on est donc quelquefois criminel en faisant le bien.

LAUREVAL.

Hélas! malheureusement, vous ne pouvez nier les faits ; la conviction parait complette, et cette lettre......

EDMOND, *avec la plus grande énergie.*

M'accuse d'un crime que je n'ai pas commis : gardez-vous d'y croire ; les fausses apparences sont l'écueil du juge le plus juste. (*Avec explosion.*) Pendant quarante ans, j'ai combattu pour mon pays ; et, près de descendre au tombeau, je le trahirais? Non... Bon français, j'ai rempli dignement ma carrière ; on peut m'ôter la vie, mais non me deshonorer. Quel que soit le coup qui me menace, je le recevrai sans pâlir ; ayant vécu sans reproche, je mourrai sans crainte.

(*Un officier qui est assis à côté de Laureval, lui parle bas, et lui dit de faire la question suivante. Laureval le regarde avec indignation, et se résout à la faire.*)

LAUREVAL.

Et cette personne, qui vous accompagnait, savait-elle?..........

EDMOND.

Que me demandez-vous?..... Ah? ne la soupçonnez point....... Si vous la connaissiez...... La pauvre enfant, ne la persécutez pas : elle a

bien assez souffert. Qu'elle me survive, un jour
elle fera réhabiliter ma mémoire : non pour
moi, car je n'en ai pas besoin ; (*En pleurant.*)
mais il me reste un fils!..... S'il fût ingrat, je
suis bon père, et je ne veux pas lui laisser l'in-
famie pour héritage.

LAUREVAL *porte son mouchoir sur ses yeux,*
et dit.

Vous n'avez plus rien à dire ?

E D M O N D.

Rien,

L A U R E V A L.

Signez vos dépositions.

EDMOND *s'approche du bureau. Le Fourrier se*
lève, et lui présente le papier et la plume.

Donnez. (*Aux juges.*) Voyez, ma main
est ferme, parce que mon cœur est tranquille.
(*Il signe, et retourne à sa place.*) Faut-il
mourir injustement! (*Au tribunal.*) Mais quel
que soit mon arrêt, j'oserai en appeler.

L A U R E V A L.

A qui?

E D M O N D, *avec véhémence.*

A Dieu! il souffre quelquefois l'injustice des
hommes, mais tôt ou tard il fait triompher
l'innocence. (*Les juges se lèvent.*) Encore un
mot. (*Les juges restent debout devant le*
bureau, sans quitter leurs places.) Permet-
tez-moi de revoir Rosalide ; elle ne peut vous

être suspecte. (*Avec l'accent de la douleur.*)
J'ai perdu mon fils !...... et, sur le bord de la
tombe, elle fera ma consolation.

LAUREVAL.

Votre demande vous est accordée. (*Aux militaires.*) Reconduisez le prisonnier, et respectez son malheur.

EDMOND.

Voilà le dernier coup du sort !...... Allons, il
faut céder à ma destinée. (*Aux juges.*) Je
vous pardonne ma mort ; veuille le ciel vous la
pardonner.

(*Les juges vont aux opinions, et forment
un demi-cercle au-dessus du bureau auprès
des coulisses. Laureval est au milieu, et
a l'air de parler avec chaleur. Les grenadiers, au commandement de Laureval,
feront, à droite. Ensuite le premier peloton descendra le long des coulisses par file
à gauche, au pas ordinaire, et quand il
sera au rideau de l'avant-scène, il détour-
nera encore par file à gauche, traversera
le théâtre et s'arrêtera vis-à-vis le bureau.
Le second peloton fera la même manœuvre
que le premier, et s'arrêtera à la première
coulisse du devant. Les grenadiers mar-
queront le pas, en attendant que le prisonnier reprenne son rang.*)

EDMOND, *sans attendre tous ces mouvemens,
s'avance sur le bord des lampes, et dit, avec
la plus grande chaleur.*

O Dieu ! Dieu de bonté, exauce ma prière,

et que mes vœux soient accomplis. Désormais,
fais descendre la vérité dans tous les tribunaux;
que l'humanité l'accompagne, et que le glaive
des lois ne frappe plus d'innocentes victimes.

*(Edmond rentre dans le rang ; le second
peloton se rapproche du premier, en faisant
par file à gauche. Les deux pelotons re-
montent la scène, et sortent, par file à
droite, par la même coulisse par laquelle
ils sont entrés : l'on baisse la toile.)*

Fin du troisième acte.

ACTE IV.

La décoration est celle du premier acte. Le
théâtre est dans l'obscurité.

SCÈNE PREMIÈRE.

ROSALIDE, LA FLEUR, *et trois*
Domestiques de Mme. de Losanges.

(*On entend du bruit dans la coulisse.*)

ROSALIDE, *poursuivie par les Domestiques.*

Non, je ne partirai point ! N'écoutez pas
une maîtresse barbare ; regardez-moi, voyez
mes pleurs, et, si vous êtes humains, vous sentirez
la pitié.

LA FLEUR, *voulant la prendre par la main*
et les Domestiques s'avançant.

Il faut obéir.

ROSALIDE, *retirant sa main, et s'avançant*
sur le bord du théâtre.

Scélérats ! Si par mes cris on vient à mon
secours, je vous perds tous. Vous ne savez pas
qui je suis.

L A F L E U R.

Qu'avez-vous à redouter ? Madame craint pour vous ; elle vous fait conduire dans une de ses terres où rien ne vous manquera ; elle nous a ordonné de vous faire partir, il le faut absolument.

R O S A L I D E, *au désespoir.*

Que vais-je devenir ? Veut-on ma mort, voilà mon sein, frappez, délivrez-vous de moi !.... Allons, je veux parler à Laureval, je vais tout découvrir, il n'est plus de serment qui me retienne : s'il souffre que l'on me persécute, c'est qu'il est d'accord avec mes persécuteurs.

L A F L E U R, *suivi des domestiques.*

On nous a défendu de vous laisser parler à personne, mademoiselle ; venez, il faut sortir d'ici.

R O S A L I D E.

Jamais !

L A F L E U R.

Ne nous mettez pas dans le cas de vous y contraindre.

R O S A L I D E.

Malheur à vous si vous m'approchez !

L A F L E U R, *voulant l'enmener.*

La résistance est inutile, suivez-nous.

R O S A L I D E, *criant de toutes ses forces.*

Au secours ! ciel ! au secours !

SCÈNE II.

LES PRÉCÉDENS, M. DE LUZINCOURT.

M. DE LUZINCOURT.

QUELS cris! quelle violence!

ROSALIDE, *courant aux genoux de M. de Luzincourt.*

Ah! sauvez-moi! je tombe à vos pieds.

M. DE LUZINCOURT, *aux domestiques.*

Pourquoi la traiter ainsi?

ROSALIDE.

Une marâtre veut me perdre, et me ravir les biens de mon père?

M. DE LUZINCOURT.

Et qui fut votre père?

ROSALIDE.

Monsieur de Losanges, et son épouse est mon ennemie.

M. DE LUZINCOURT.

De Losanges!..... Quoi! vous seriez cette fille.....

ROSALIDE.

Qui fut envoyée en France, à qui l'on voulût

voulût ôter la fortune et le jour. Reconnue par ma belle-mère, j'en éprouve encore plus de rigueur. J'ai, sur moi, les preuves de ma naissance; elles sont de la main de mon père, on peut les vérifier : si j'en impose, je dois être punie; si c'est la vérité, je demande justice.

M. DE LUZINCOURT.

On vous la rendra. (*Aux domestiques.*) Faites venir votre maîtresse, et ne l'instruisez de rien. (*Ils sortent.*) Si vous êtes sincère, quels dédommagemens ne devez-vous pas attendre! Ami de feu votre père, je dois vous servir. Je vais agir contre votre belle-mère, non pour l'opprimer, mais pour l'obliger à vous rendre ce qu'elle vous doit....; et si je réussis, je ne serai pas le moins heureux.

ROSALIDE.

Réglez ma destinée, je m'en remets entièrement à vous; étrangère au milieu de ma famille, ne m'abandonnez pas.

M. DE LUZINCOURT.

Oui, je serai votre appui : soyez tranquille; quand il s'agit de faire le bien, on ne me prie pas deux fois.

ROSALIDE, *effrayée.*

Voilà madame de Losanges!

M. DE LUZINCOURT.

Vous n'avez rien à craindre.

F

SCÈNE III.

LES PRÉCÉDENS, Mme. DE LOSANGES.

LA FLEUR *éclaire sa maîtresse avec deux flambeaux, il les pose sur la table et sort. Le salon étant éclairé par les bougies, la rampe doit être levée.*

M. DE LUZINCOURT.

APPROCHEZ-VOUS, madame, votre présence est absolument nécessaire.

Mme. DE LOSANGES.

Que me voulez-vous, monsieur? (*Appercevant Rosalide.*) Ah! qu'est-ce que je vois!

M. DE LUZINCOURT.

Mademoiselle qui vient réclamer ses droits.

Mme. DE LOSANGES.

Si c'était une imposture?.....

ROSALIDE.

Mais j'avais prévu votre réponse, et j'ai de quoi vous convaincre.

Mme. DE LOSANGES.

Que demandez-vous enfin?

ROSALIDE, *avec fermeté.*

Mon nom, mon état, et l'héritage de mon père.

Mme. DE LOSANGES.

Où sont vos preuves?

ROSALIDE, *sortant des papiers de son sein.*

Les voici. (*Elle les donne à M. de Luzin-court, qui lit vivement.*)

Mme. DE LOSANGES, *embarrassée.*

J'ignorais.....

ROSALIDE, *avec force.*

Vous saviez tout.

Mme. DE LOSANGES.

Moi?

ROSALIDE.

Vous.

Mme. DE LOSANGES, *troublée.*

Ces papiers......

M. DE LUZINCOURT, *d'un ton affirmatif.*

Sont à elle. Ils attestent sa naissance, ses malheurs, et votre cruauté. Voyez la signature de son père, et cessez de vous avilir en voulant la méconnaître.

Mme. DE LOSANGES, *fièrement.*

Vous m'outragez.

F 2

M. DE LUZINCOURT, *irrité.*

Qui se dégrade soi-même, ne doit plus prétendre à l'estime des autres.

Mme. DE LOSANGES.

Vous êtes mon ami, et sans ménagemens...

M. DE LUZINCOURT.

Votre procédé me révolte ! A l'instant reconnaissez Rosalide ; acquittez-vous, ou redoutez le mépris. Mère cruelle, cessez donc de l'être ; interrogez votre conscience, jugez-vous vous-même, et ne forcez pas votre victime à vous accuser.

Mme. DE LOSANGES, *regardant autour d'elle avec effroi.*

Ah ! si l'on vous entendait !.... Vous me faites frémir ! De grâce, parlez plus bas.

M. DE LUZINCOURT, *avec force.*

Quand on plaide la cause de l'humanité, on ne saurait parler trop haut ! — Dans cette affaire, je suis médiateur : si vous ne vous rendez à la raison, je deviens partie ; vous êtes riche, elle est dans la détresse, aucun de vous n'a ce qui lui appartient ; elle porte plainte, elle demande justice, aucun tribunal ne peut la lui refuser.

Mme. DE LOSANGES, *éplorée.*

Vous m'accablez, et vous m'abandonnez !
(*Elle se jette dans le fauteuil, à la droite de l'acteur.*)

M. DE LUZINCOURT.

Je le devrais. Comment ne rougissez-vous pas des maux que vous avez causés ! Pour vous les retracer, regardez Rosalide : son père, en mourant, la confia à vos soins ; c'était un dépôt cher et sacré ! Si vous ne lui donnâtes pas la vie, deviez-vous l'exposer à la perdre ? Non, la probité vous forçait de veiller à sa sûreté ; vous auriez dû lui servir de mère.... Je ne puis concevoir comment l'avarice a pu vous empêcher de remplir un si bel emploi.

Mme. DE LOSANGES.

On m'a trompée, et j'en suis bien punie !

M. DE LUZINCOURT, *avec la plus grande énergie.*

Eh ! deviez-vous céder à des instances perfides ! Sans le remords qui vous tourmente, vous seriez inexcusable. Compagne du vieillard qui va périr pour avoir trahi, peut-être ne l'a-t-il fait que pour secourir Rosalide ! Si cela est, vous aurez fait le mal ; vous aurez joui du forfait, et le sang du malheureux aura coulé pour réparer vos torts et votre injustice.

Mme. DE LOSANGES.

J'en serais la cause involontaire.

M. DE LUZINCOURT.

Restituez donc, et n'hésitez plus.

F 3

Mᵐᵉ. DE LOSANGES.

Ignorez-vous que ces biens sont tout ce que je possède ?

M. DE LUZINCOURT.

Ils sont mal acquis, vous ne devez pas les garder. S'il le faut, vivez dans l'indigence, vous aurez des amis. Rendez-lui sa fortune. (*Il s'approche de madame de Losanges, et lui dit bien bas.*) Elle vous fera grâce du crime.

Mᵐᵉ. DE LOSANGES.

Combien vous m'humiliez !

M. DE LUZINCOURT, *s'approchant d'elle.*

Non, je veux vous attendrir. Je ne vous quitte plus que vous ne m'ayez donné le pouvoir de tout arranger pour votre gloire et sa tranquillité.... Vous gardez le silence ?..... Me refuseriez-vous ? (*Madame de Losanges prend la main de M. de Luzincourt, et pose sa tête dessus, ensuite elle le regarde, et porte son mouchoir sur ses yeux.*) Ah ! je vois couler vos pleurs.... J'ai réussi ! je n'en veux pas davantage ; vous reprenez tous vos droits sur mon cœur.

Mᵐᵉ. DE LOSANGES, *avec sentiment.*

Je n'ai donc pas tout perdu ! Vos justes reproches ont retenti jusqu'au fond de mon ame. Sans avoir commis le crime dont on m'a soupçonnée, depuis long-tems le remords m'accable ; je ne puis plus soutenir ce pénible fardeau, il m'écrase. (*Elle se lève.*) Allons, punissons-nous. (*à M. de Luzincourt.*) Vous allez être satisfait. (*à Rosalide, sans quitter sa place.*) Fille trop malheureuse, venez reprendre ce qui vous est dû, je suis prête à tout rendre ; la misère ne m'effraye plus, je ne crains que la honte. (*à M. de Luzincourt.*) C'est vous qui m'avez éclairée, c'est vous qui avez déchiré le voile affreux qui me cachait à moi-même ; la voix du repentir se fait entendre, et je re-trouve mon cœur et ma vertu.

M. DE LUZINCOURT.

Sentez-vous combien il est doux d'être juste et sensible ?.... ah ! vous vous êtes privée long-tems d'un grand plaisir.

ROSALIDE, *à part, sur le bord du théâtre.*

Quel moment pour ma vengeance ! il faut en profiter. (*à madame de Losanges.*) J'aurai donc mes biens, mais n'aurai-je que cela ?

Mme. DE LOSANGES.

Eh ! que voulez-vous de plus ?

RÖSALIDE, *tendrement.*

Vous supplier d'en garder la moitié, et de m'accorder votre tendresse.

M. DE LUZINCOURT *prend Rosalide par la main et la conduit à madame de Losanges.*

Voilà, voilà votre enfant ! pressez-la dans vos bras, et reconciliez-vous à jamais.

F 4

Mᵐᵉ. DE LOSANGES, *en pleurant.*

Rosalide, pardonnez-vous à votre coupable mère ?

ROSALIDE.

Oui, et de toute mon ame ! acceptez mon offre, et que tout soit oublié. (*Elle se jette dans les bras de madame de Losanges.*)

Mᵐᵉ. DE LOSANGES.

Ah ! le bonheur ne doit point être le prix de mes égaremens. — Jouissez, en paix, de toutes vos richesses.... et moi !.... je vais loin d'ici....

M. DE LUZINCOURT, *attendri, et avec bonté.*

Vous avez tout réparé ; restez, restez avec vos amis.

Mᵐᵉ. DE LOSANGES, *dans une profonde dou-leur, et d'un ton de voix étouffée.*

Je ne pourrais les voir sans rougir. — C'est dans une retraite profonde, que je veux aller cacher ma douleur et mon repentir.

ROSALIDE, *éplorée.*

Vous faites couler mes larmes ! O ma mère ! acceptez du moins....

Mᵐᵉ. DE LOSANGES, *étouffée par la douleur.*

Je ne veux rien.... Non, rien pour moi !... mais Rosalide ..... votre sœur n'est pas cou-pable.... Prenez pitié de sa misère, et versez sur elle des bienfaits que je suis indigne de recevoir. (*Lui donnant la promesse de Laureval.*) Rendez cet écrit à Laureval.... je ne dois.... ni ne veux en faire usage. — Adieu, Rosalide..... adieu, pour jamais !.... N'oubliez pas votre sœur, et ne la punissez pas des erreurs de sa malheureuse mère. (*Elle sort lentement, et va jusqu'à la porte du fond.*)

ROSALIDE, *allant à elle.*

Ç'en est trop ! demeurez, demeurez, et.....

Mme. DE LOSANGES, *en pleurant, et d'un ton concentré.*

Non... non.... laissez-moi me punir.... J'en ai besoin pour me reconcilier avec moi-même. (*Elle porte son mouchoir sur ses yeux, et sort.*)

SCÈNE IV.

M. DE LUZINCOURT, ROSALIDE.

M. DE LUZINCOURT.

Son repentir est sincère ; Rosalide, il ne faut point l'abandonner.

ROSALIDE.

Vous connaitrez mon cœur : mais je perds un tems précieux. Monsieur, je vous dois ma mère ; il faut que je vous doive mon libérateur.

M. DE LUZINCOURT.

Cela n'est point en mon pouvoir. Monsieur de Laureval....

ROSALIDE,

Laureval est mon amant ; et je suis sûre d'obtenir.....

M. DE LUZINCOURT.

Que dites-vous ?

ROSALIDE.

La France a vu former nos nœuds. Ne me refusez pas ; s'il le faut, disposez de ce qui me revient, et n'épargnez rien pour la délivrance d'Edmond.

M. DE LUZINCOURT.

Je ne le puis. Et vos richesses....

ROSALIDE, *avec explosion.*

Seront placées au plus haut intérêt, si elles peuvent racheter les jours de mon bienfaiteur !

M. DE LUZINCOURT.

Mais, considérez que.....

ROSALIDE, *l'interrompant, dit avec force.*

Doit-on calculer, quand il s'agit de sauver son ami ? Donnez, donnez tout, et qu'il vive !

Prodiguez l'or, les cachots s'ouvriront, et l'innocence en sortira !

M. DÉ LUZINCOURT, *avec dignité.*

Pouvez-vous me proposer de manquer à l'honneur ?

ROSALIDE.

Non ; mais pour vous récompenser de vos bienfaits, je voulais vous faire faire encore une bonne action.

M. DE LUZINCOURT *lui prenant la main, et d'un ton attendri.*

Rosalide.... je suis content de ce que j'ai fait pour vous. — J'ai rempli les fonctions de l'honnête homme : votre bonheur est mon ouvrage, et ma récompense est dans mon cœur.

(*Il salue et sort.*)

SCÉNE V.

ROSALIDE, *seule.*

QUOI ! tout espoir est donc perdu !..... et Laureval.... Le voici.

SCÈNE VI.

ROSALIDE, LAUREVAL.

LAUREVAL, *entrant vivement.*

Rosalide ; que viens-je d'apprendre ? Quoi !
madame de Losanges est cette belle-mère
cruelle , qui.....

ROSALIDE, *l'interrompant.*

Modère ce transport ; le Gouverneur m'a fait
rendre justice. — Et ton père ?

LAUREVAL, *sombrement , et pleurant.*

Il est jugé !

ROSALIDE.

Quel est donc son arrêt ?

LAUREVAL, *d'une voix étouffée.*

La mort.

ROSALIDE, *en pleurant.*

Grand Dieu ! — Et ce cruel arrêt a pu sortir
de ta bouche !

LAUREVAL, *égaré.*

Ce n'est pas le sien que j'ai prononcé !

ROSALIDE, *vivement.*

Que dis-tu ?

LAUREVAL.

Je m'égare....... j'ai fait tout ce qu'il a dépendu de moi pour le défendre. Hélas! on ne m'a point écouté; mais rassure-toi, si l'on m'a forcé d'agir en juge, à présent je vais agir en fils.

ROSALIDE.

Mais il court le plus grand danger.

LAUREVAL.

Je vis, il n'a rien à craindre.

ROSALIDE.

Que feras-tu?

LAUREVAL.

Tu le sauras..... Va, Rosalide, laisse-moi, je t'en supplie; les momens sont précieux, ne les perdons pas.

ROSALIDE, *lui prenant la main.*

Me réponds-tu de ses jours?

LAUREVAL.

Je t'en réponds..... sur les miens.

ROSALIDE.

C'en est assez. (*à part.*) Allons retrouver madame de Losanges. (*Elle fait quelques pas et dit.*) Il me cache son secret, cachons-lui nos actions. (*elle sort.*)

SCÈNE VII.

LAUREVAL, *seul.*

ME voilà seul, et je reprends courage. Les précautions sont prises pour le départ de mon père. Le geolier va se rendre ici, et je vais tout faire pour le gagner. Il est brusque, mais il a des sentimens, et cela me rassure. Je vais revoir ce père malheureux, lui dire que je suis son fils, et le presser contre mon cœur!.... Mais comment me nommer?.... Sa position....... la mienne, tout doit l'irriter. Quand il va savoir que c'est moi qui l'ai jugé!.. Oui, je l'ai condamné, et je meurs pour le sauver; voilà ma justification. Cachons-le lui cependant, et qu'il n'apprenne le sacrifice que lorsqu'il sera fait.

SCÈNE VIII.

LAUREVAL, LE GEOLIER.

(Cette scène doit être jouée avec chaleur et intérêt.)

LE GEOLIER.

MONSIEUR, je viens recevoir vos ordres.

LAUREVAL.

Je n'ai point d'ordre à te donner, mais une supplication à te faire.

LE GEOLIER.

Vous, monsieur?

LAUREVAL.

Puis-je compter sur ta discrétion?

LE GEOLIER.

Vous le pouvez.

LAUREVAL.

Jure-moi donc que tu ne me refuseras pas.

LE GEOLIER.

Je ne donne ma parole que lorsque je suis sûr de la tenir. Expliquez-vous.

LAUREVAL.

Veux-tu t'enrichir à jamais?

LE GEOLIER.

Oui, si je puis le faire honnétement. De quoi s'agit-il?

LAUREVAL.

Ma proposition va d'abord t'effrayer; je connais ta délicatesse, et peut-être auras-tu de la répugnance à m'accorder ma demande; mais il le faut.

LE GEOLIER, *l'interrompant.*

Oh! oh! c'est donc une mauvaise action que vous attendez de moi?

LAUREVAL.

Mon ami, je suis au désespoir, et toi seul peut.......

LE GEOLIER.

Monsieur, n'allez pas plus avant; si vous me proposez de mal faire, vous n'êtes point assez riche pour me payer.

LAUREVAL.

Eh! mon ami, songe que tu tiens ma destinée entre tes mains!

LE GEOLIER.

Et qu'exigez-vous donc?

LAUREVAL.

La plus grande faveur! Tu connais ce bon vieillard qui gémit dans les prisons?

LE GEOLIER.

Eh bien?

LAUREVAL.

A l'heure même, il faut le délivrer, et l'amener ici.

LE GEOLIER.

Monsieur, voulez-vous me perdre?

LAUREVAL.

LAUREVAL.

Tu n'as rien à redouter.

LE GEOLIER.

Qui me garantira?

LAUREVAL.

Moi.

LE GEOLIER.

Comment ferez-vous?

LAUREVAL.

Je prendrai sa place.

LE GEOLIER.

Monsieur, vous me faites trembler! Devez-vous sacrifier un honnête homme pour sauver un criminel?

LAUREVAL.

Oblige-moi, et ne m'humilie pas. Rappelle-toi que tu me dois ton bien-être, que c'est moi qui t'ai placé, que....

LE GEOLIER.

Oui, je vous dois mon état, vous avez le droit d'exiger de la reconnaissance; mais vous n'avez pas celui de me faire manquer à mon devoir.

LAUREVAL.

Ah! si tu savais la cause!..... je suis sûr que tu n'hésiterais pas.

G

LE GEOLIER.

Je suis inflexible ! Si j'étais découvert, que deviendraient ma femme, mes enfans ?

LAUREVAL.

Je resterai en ton pouvoir, et ma personne répondra de la tienne. Ami, prends, prends tout ce que je possède et ne me refuse pas.

LE GEOLIER.

Cet homme vous est donc bien cher pour m'offrir un pareil don ?

LAUREVAL, *avec explosion.*

Eh ! peut - on trop payer l'existence d'un père !

LE GEOLIER.

(*Bien fort.*) C'est votre père !...... (*D'un ton décidé.*) Voilà les clefs. (*Il présente le trousseau à Laureval.*)

LAUREVAL.

Ah ! tu me rends la vie ! viens recevoir ta récompense.

LE GEOLIER.

Non, monsieur, je n'accepterai rien ; de pareils services doivent se rendre *gratis.*

LAUREVAL.

Je te ferai voir que j'en connais le prix. Mais

ne me fais pas languir davantage, volo, et ne
lui dis pas qui je suis.

LE GEOLIER.

Comment le ferez-vous sortir de la ville?

LAUREVAL.

Dans cet hôtel, la porte du souterrain donne
sur la mer, et........

LE GEOLIER, *avec joie.*

Je suis au fait!.... Je vais le chercher, et dans
un moment nous serons ici. (*Il fait une fausse
sortie et revient.*) Je m'expose; mais si je
suis puni pour vous avoir obligé, prenez soin
de ma pauvre famille et ne l'abandonnez pas.

LAUREVAL.

Brave homme, quel que soit l'évènement, ta
fortune est faite, et le sort de tes enfans est
assuré. Ne perds point de tems, cours briser les
fers de mon père, c'est moi qui va les porter.

LE GEOLIER, *avec sentiment.*

Oh! c'est avec regret que je vous les verrai
prendre! Je suis dur pour les malfaiteurs;
mais je voudrais pouvoir sauver tous les malheureux.

SCÈNE IX.

LAUREVAL, *seul.*

JE viens de lever un obstacle essentiel. Si La Pierre obtient du capitaine suédois le passage de mon père, la réussite est certaine. — Cependant, il ne revient pas. (*Il tire sa montre.*) Minuit et demi..... Il devrait être de retour..... Pourquoi tarde-t-il? il peut rentrer par l'issue que je lui ai indiquée...... L'aurait-on refusé?.... Comment ferais-je?.....La crainte, l'espérance, l'incertitude m'agitent tour-à-tour...... Ah! que cette heure est longue et pénible à passer. — J'entends du bruit...... C'est lui.

SCÈNE X.

LAUREVAL, LA PIERRE.

LAUREVAL.

EH bien! La Pierre?

LA PIERRE, *ôtant son chapeau, et s'essuyant le front avec son mouchoir.*

Je suis hors d'haleine.

LAUREVAL.

Reprends tes sens, et réponds vite. Que dois-je espérer?

LA PIERRE, *vivement.*

Le capitaine, d'abord, était intraitable; il m'a fallu lever toutes difficultés. Il m'a parlé de l'amirauté, de passeport; je me suis expliqué, et il consent à recevoir votre père sur son bord; Victor et moi, nous l'accompagnerons. On nous attends pour mettre à la voile.

LAUREVAL.

Bon!

LA PIERRE.

Le succès est sûr; pavillon neutre, et vent favorable; il faut partir.

LAUREVAL, *douloureusement.*

Après dix ans, revoir un père et le quitter pour toujours!

LA PIERRE.

Mon cher maître, ne vous en séparez pas; venez avec nous.

LAUREVAL.

Je ne le puis, je passerais pour traître, et je veux prouver que je ne suis que malheureux.

LA PIERRE.

Et votre père, va-t-il venir?

LAUREVAL.

Le Geolier l'est allé chercher, et je l'attends avec impatience.

LA PIERRE.

Il n'y a pas loin ; cependant. Voulez-vous que j'aille au-devant d'eux ?

LAUREVAL.

Non ; tu es fatigué.

LA PIERRE.

Point, point ; quand je cours pour faire une bonne œuvre, je ne fatigue jamais.

LAUREVAL.

Reste ; j'entends quelqu'un.

(Victor ouvre la porte du fond, et l'on voit le Geolier et Edmond.)

LA PIERRE.

Monsieur, ce sont eux-mêmes.

SCÈNE XI.

LES PRÉCÉDENS, EDMOND, LE GEOLIER, VICTOR.

LE GEOLIER, *conduisant Edmond.*

VENEZ, venez ; par ici.

EDMOND.

Où me conduisez-vous? Que me veut-on?

LAUREVAL, *fait signe à ses gens de garder la porte.*

O vieillard vénérable! vous voyez devant vous l'homme du monde le plus pénétré; je suis votre juge, et je verse des larmes sur vos malheurs.

EDMOND.

Auriez-vous reconnu la vérité? A mon dernier moment, vous me verrez vous assurer de mon innocence.

LAUREVAL.

Il faudrait la prouver.

EDMOND.

Je ne le puis. Hélas! je fus toujours accablé par l'adversité.

LAUREVAL.

Quoi! vous ne fûtes jamais heureux?

EDMOND.

Je le fus avant que d'être père. — Mais je ne vois point Rosalide... Vous m'aviez promis...

LAUREVAL.

Soyez sans allarmes pour elle; reconciliée avec madame de Losanges, Rosalide va rentrer dans tous ses biens.

EDMOND, *avec ame.*

Ah ! je meurs content, je ne laisserai point la vertu dans l'indigence.

LAUREVAL.

Me serait-il permis de vous parler de votre fils ?

EDMOND.

Que me dites-vous ?

LAUREVAL.

Tantôt, ce nom est sorti de votre bouche, et je pourrais, peut-être, découvrir ce malheureux, qui, sûrement, donnerait sa vie pour conserver la vôtre.

EDMOND.

Ah ! si vous le connaissiez, vous ne lui supposeriez pas des sentimens dont il est incapable.

LAUREVAL.

Mais s'il se présentait à vos regards, le reconnaîtriez-vous pour votre fils, lui tendriez-vous les bras ?

EDMOND, *vivement.*

Vous serait-il connu ?

LAUREVAL.

Oui.

EDMOND.

Où est-il ?

LAUREVAL.

Ici.

EDMOND.

Le croirai-je ?

LAUREVAL.

Vous.allez le voir. — Cet indigne, ce rebelle qui vous a désobéi, perdu, plongé dans l'ignominie.... Ce juge qui vient de mettre le comble à vos malheurs.... C'est votre fils! et c'est lui qui meurt de repentir à vos pieds. (*Il tombe aux genoux de son père*).

EDMOND.

Laureval! (*Il fait un mouvement pour se jeter dans les bras de son fils ; mais retenu par la réflexion, il se relève, et dit avec horreur.*) Dieu ! qu'allais-je faire ! j'allais embrasser mon assassin.

LAUREVAL.

Veuillez m'écouter.

EDMOND.

Fils barbare et dénaturé, fuis loin de moi !

LAUREVAL.

Père tendre et vertueux, reconnaissez votre enfant.

EDMOND.

Eh ! que puis-je espérer de toi ? ma perte est ton ouvrage, et l'humanité n'est plus dans ton ame.

LAUREVAL, *avec la plus grande explosion.*

La nature y reprend tous ses droits.

EDMOND.

Tu les as méconnus.

LAUREVAL, *avec ame.*

Je les sens aujourd'hui.

EDMOND.

Tu fus mauvais fils.

LAUREVAL, *avec sentiment.*

Corrigé par le malheur, je suis tout à la vertu.

EDMOND.

Ingrat, je t'ai donné la vie, et tu me donnes la mort.

LAUREVAL.

Si je suis parricide, n'en accusez que la loi.

EDMOND.

Quand le pervers est l'organe des loix, l'homme de bien périt et le méchant triomphe. — Je t'aimais, ingrat, et tu m'as abandonné, lorsque, pour tes fautes, je languissais dans la plus affreuse captivité. Dans cet instant fatal, devais-tu te faire connaître? il fallait rester ignoré, il m'eût été moins dur de mourir de la main d'un autre.

LAUREVAL, *très-vivement.*

Ah ! si vous pouviez lire dans mon cœur, vous me jugeriez moins indigne de vous. Que n'ai-je pas fait pour vous découvrir ! J'ai demandé mon père à tous les hommes, à toutes les nations, et je n'ai pu le retrouver. Rendre votre vieillesse heureuse, réhabiliter votre honneur, et vous faire jouir à mon tour de tous les biens dont je vous avais privé, voilà quel était mon espoir. Sans cesse occupé de vous, je ne desirai la fortune, je ne travaillai que pour vous l'offrir : je me disais, si l'or peut le rendre heureux, il faut en amasser beaucoup, et tout, oui, tout sera pour mon père.

EDMOND, *attendri.*

Quoi ! tu pensais toujours à moi.... Malheureux ! tu m'arraches des larmes, et je me reproche ma faiblesse.

LAUREVAL.

Voyez ma douleur, et laissez-vous toucher par mes remords déchirans ! reprenez les entrailles d'un père, et pardonnez à votre fils.

EDMOND, *avec le cri de l'ame.*

Ton repentir l'emporte sur mon ressentiment ; ma bouche t'a maudit, mais ta grace est dans mon cœur. Viens embrasser ton père. (*Edmond tend les bras à Laureval, qui se relève et le presse contre son sein.*)

LAUREVAL.

Mon père!........ ô mon père! Allons, c'est à présent que je vais être digne de vous.

(Le reste de la scène doit aller avec la plus grande chaleur, et beaucoup de rapidité.)

EDMOND.

Quel est ton dessein?

LAUREVAL.

De vous sauver.

EDMOND.

En as-tu le pouvoir?

LAUREVAL.

Vous êtes libre. La mer n'est pas loin d'ici; gagnez le rivage, un vaisseau tout prêt....

EDMOND.

As-tu donc oublié que je suis condamné.

LAUREVAL, *avec force.*

Vous êtes sauvé, vous dis-je!

EDMOND.

Ne fais rien d'indigne de toi.

LAUREVAL.

En vous laissant mourir, je deviens indigne de tout. Allez, partez, partez, emportez mes trésors, et laissez-moi votre cœur.

EDMOND.

Mais tu t'exposes, et je ne puis souffrir..........

LAUREVAL, *avec la plus grande rapidité.*

Non, non, ne le pensez pas ; en différant, vous me faites tressaillir !..... Si j'allais être trahi !..... Eloignez-vous, je vous en conjure ; embrassez-moi, mon père, et recevez dans votre sein les adieux de votre fils.

EDMOND.

Je ne partirai point.

LAUREVAL, *très-vivement.*

Il le faut ! Avez-vous pu penser que je vous laisserais périr ? (*Aux domestiques qui s'approchent et s'emparent d'Edmond.*) Amis, je vous remets entre les mains mon père, mon existence, plus que moi-même !........ Adieu, adieu, arrachez-vous de mes bras....... Allez, fuyez, fuyez, et dérobez-moi vos larmes.

(*Cette tirade doit se dire en conduisant Edmond jusqu'à la coulisse à droite de l'acteur, et c'est-là où Edmond s'écrie, en tendant les bras vers Laureval.*)

EDMOND, *entraîné par les domestiques.*
Mon fils ! ô mon fils !

LAUREVAL.

Ce nom m'est cher ! et je vais le mériter.
(*Laureval sort par la coulisse à gauche de l'acteur et le geolier le suit.*)

Fin du quatrième acte.

ACTE V.

Le théâtre représente une prison.

SCÈNE PREMIÈRE.

LAUREVAL *est assis auprès d'une table, il met l'adresse d'une lettre et finit par en cacheter deux. Il se lève et dit.*

JE respire enfin....... Mon père est loin d'ici ! Accusé par le Geolier d'avoir soustrait son prisonnier par la force, on m'arrête, on me menace, on veut que je le retrouve ou que je subisse son arrêt......... O ciel ! vous le savez, je ne balancerai pas. (*Il va à la table et prend ses lettres.*) Ces deux lettres produiront peut-être l'effet que j'en attends. L'une est pour le Gouverneur, et l'autre est pour mes juges. A mon ami, je demande un moment d'entretien ; au conseil, je fais l'aveu de mes torts, et je m'offre pour mon père : s'il me condamne, il me plaindra ; mon protecteur peut être indigné, mais quand il connaîtra le motif qui m'a fait agir, il ne pourra me refuser son estime et sa pitié.

SCÈNE II.

LAUREVAL, LE GEOLIER.

LE GEOLIER.

Ah! monsieur, secourez un malheureux que vous avez rendu coupable.

LAUREVAL.

Qu'as-tu? que crains-tu?

LE GEOLIER.

Tout est découvert, et vous me demandez ce que je crains : je suis compromis; et si vous me décelez, je suis perdu.

LAUREVAL.

Moi, ton délateur! tu m'offenses. Va, si je t'ai fait commettre une faute, je ne dois pas t'en faire punir.

LE GEOLIER.

Je le crois, monsieur; vous n'avez jamais fait de mal à personne, et vous ne voudriez pas commencer par moi. Cependant, j'ai reçu l'ordre de vous retenir.

LAUREVAL.

Eh bien! remplis ton ministère.

LE GEOLIER.

Mais si l'on vous parle de l'évasion, si l'on m'inquiète, que deviendrai-je?

LAUREVAL.

N'as-tu pas dit que j'avais agi par la force?

LE GEOLIER.

Pour me disculper, j'ai été obligé de vous charger.

LAUREVAL.

Le reste me regarde.

LE GEOLIER, *avec sensibilité.*

Vous, monsieur, dans les prisons !.... Oserais-je vous faire part d'un bruit qui se répand? On dit que vous êtes le chef d'une trahison d'état: tout le monde murmure contre vous.... Mais si l'on savait comme moi !.... Peu s'en est fallu que je n'aie tout déclaré.

LAUREVAL.

Garde-toi bien !.....

LE GEOLIER, *avec sentiment.*

Morbleu ! pourquoi vous laisser accabler ? peut-on rien voir de plus beau que votre procédé ? Vous sacrifiez vos jours pour votre père !.... Ce trait me fait sentir que j'étais homme : dans ma profession, je l'avais oublié.

LAUREVAL.

Et tu me plains?

LE

LE GEOLIER, *attendri.*

Votre action a pénétré mon ame: vous êtes le premier qui m'ayez fait verser des pleurs.

LAUREVAL, *à part.*

J'arrache de la pitié aux gens les plus durs, que ne dois-je pas attendre des cœurs sensibles!

LE GEOLIER.

Monsieur, je réponds de vous.... et j'en réponds, sur ma tête..... Mais.... si vous craignez?.... (*en lui montrant la porte.*) Si vous voulez?.....

LAUREVAL.

Quoi donc, que m'offres-tu?

LE GEOLIER.

Par votre générosité, ma famille ne peut plus sentir le besoin; partons ensemble, vous serez mon maître.... Soyez libre.... Et loin d'ici.....

LAUREVAL.

Je suis reconnoissant du service que tu veux me rendre; mais je ne puis l'accepter.

LE GEOLIER.

Monsieur, vous vous perdez!

LAUREVAL.

Tenez, portez ces deux lettres; c'est tout ce que j'exige de vous.

H

LE GEOLIER.

Donnez. (*En s'en allant.*) Ah ! quel homme ! quel homme ! avec lui tout le monde serait vertueux.

SCÈNE III.

LAUREVAL, *seul.*

Moi, fuir ! Non, c'est ici qu'il faut montrer ce que doit un fils à son père. Je resterai ; et si je dois perdre la vie, la cause en est trop belle, pour que je puisse la regretter.

SCÈNE IV.

LAUREVAL, LE GEOLIER.

LE GEOLIER, *d'un air empressé.*

Monsieur.

LAUREVAL.

Déjà revenu ?

LE GEOLIER.

En sortant, j'ai rencontré le Gouverneur, je lui ai donné votre billet ; il m'a dit qu'il venait

vous voir ; il est sur mes pas, et je suis ac-
couru pour vous prévenir de son arrivée.

LAUREVAL.

Ah! tant mieux, c'est une consolation pour
moi.

LE GEOLIER.

Il paraît être en colère.

LAUREVAL.

Un mot l'appaisera. Le voici, laisse-nous.

(*Le Geolier sort.*)

SCÈNE V.

LAUREVAL, M. DE LUZINCOURT.

LAUREVAL.

QUOI! c'est vous! ô mon ami!

M. DE LUZINCOURT, *du ton le plus
sombre.*

Je ne le suis plus; j'ai donné ma voix pour
vous faire arrêter.

LAUREVAL.

Vous avez fait votre devoir, et j'ai rempli
le mien.

M. DE LUZINCOURT.

Vous avez abusé de votre autorité, vous
avez fait sauver le coupable.

LAUREVAL.

Je l'avoue.

M. DE LUZINCOURT.

Songez qu'il faut le retrouver, ou mourir.

LAUREVAL.

Mon choix est fait!

M. DE LUZINCOURT.

Quel est donc ce dévouement? Seriez-vous complice de ce vieillard?

LAUREVAL.

Si j'étais son complice, avec lui j'aurais fui loin de ces lieux, mais je me présente; et, sans avoir part au crime, je me charge de la réparation. Oui, j'ai fait sauver ce vieillard: amour, secours, tendresse, je lui devais tout! Il me restait à lui conserver la vie, je l'ai fait; et je ne me crois pas encore quitte envers lui.

M. DE LUZINCOURT, *vivement.*

Et que lui dois-tu donc?

LAUREVAL; *avec force.*

Un bien que je veux lui rendre!

M. DE LUZINCOURT, *plus vivement.*

Qu'était-il? ton protecteur?

LAUREVAL, *avec enthousiasme.*

Plus!

M. DE LUZINCOURT, *avec plus d'intérêt.*

Ton libérateur ? ton ami ?

LAUREVAL, *presque hors de lui.*

Plus encore !

M. DE LUZINCOURT.

Achevez.

LAUREVAL, *avec le cri de l'ame.*

Il est mon père, et je vais mourir pour lui !

M. DE LUZINCOURT, *avec un cri de surprise.*

Ton père !

LAUREVAL, *avec la plus grande chaleur.*

Oui ; et j'en appelle à tous les bons fils ; je suis sûr qu'il n'en est pas un qui n'en fît autant pour le sien.

M. DE LUZINCOURT, *stupéfait.*

Ton père !

LAUREVAL.

Eh ! pour quel autre aurais-je commis cette faute ? Mais la tendresse filiale parlait ; il a fallu céder. Le conseil voulait son sang, je lui offre le mien ; s'il accepte, je satisferai la patrie, les loix et la nature.

H 3

M. DE LUZINCOURT, *tire son mouchoir et le porte sur ses yeux.*

Laureval..... Ah! malheureux!

LAUREVAL.

Vous êtes attendri!

M. DE LUZINCOURT, *avec sensibilité.*

Il faudrait avoir une ame de fer pour résister à ton malheur! Ami, je suis forcé de te plaindre et de t'admirer. (*Il se jette dans ses bras.*)

LAUREVAL, *le pressant contre son sein.*

Mon ami m'est rendu! Ah! je regrette l'existence.

M. DE LUZINCOURT.

Quel évènement! Il a fait sauver son père; voila quel est son tort..... Croira-t-on qu'il y ait des fers pour un pareil crime!

LAUREVAL.

Il en est; mais ils font ma gloire, et non pas mon opprobre!

M. DE LUZINCOURT.

Tes jours sont en danger!

LAUREVAL.

Mon père vit, je n'ai plus rien à craindre. — Cher ami, vous pouvez m'être utile.

M. DE LUZINCOURT.

Que faut-il faire ?

LAUREVAL.

Allez au tribunal où mes juges sont assemblés, et dites-leur : « Laureval a délivré son » père ; mais il est prêt à subir son arrêt. » — Il est prononcé, qu'ils ordonnent, et j'obéis sur l'heure.

M. DE LUZINCOURT.

Loin de les engager à t'accorder ta demande, je vais embrasser ta défense. Après avoir rendu compte de ton action généreuse, quels inhumains pourront t'accuser ? Quels juges te condamneront ?

LAUREVAL.

Mes ennemis.

M. DE LUZINCOURT.

L'oseront-ils ?

LAUREVAL.

Ils sauront faire parler les loix.

M. DE LUZINCOURT.

J'attaquerai leurs sentimens ; on est bien fort quand on demande grace pour la vertu.

LAUREVAL.

Si on allait vous soupçonner.....

M. DE LUZINCOURT.

Mes services sont connus, je suis à l'abri
du soupçon. Demain, je puis mourir dans les
combats; aujourd'hui, je dois secourir mon
ami. Je vais tout faire pour t'arracher aux
horreurs de ton sort. Compte sur mon zèle.
Adieu, adieu, je te laisse et cours servir
l'amitié.

SCÈNE VI.

LAUREVAL, *seul.*

QUEL QUE soit mon destin, je suis résigné.....
Je tremble que mon père n'ait pû joindre le
vaisseau qui doit l'éloigner. — O ciel! il est
sous ta garde, ne vois point le péril qui m'environne; que mon père seul fixe tes regards;
prouve ta bonté, montre ta justice et protège
l'innocence. (*Il va s'asseoir auprès de la
table.*)

S C È N E   V I I.

L A U R E V A L,   R O S A L I D E,
LE GEOLIER.

ROSALIDE, *une bourse à la main.*

PRENEZ, prenez cet or, et rendez-lui la liberté.

LE GEOLIER.

Cela m'est impossible !

ROSALIDE.

Il le faut; prenez cette bourse , et ne me refusez-pas.

LE GEOLIER.

Je ne le puis, vous dis-je ?

ROSALIDE.

Pourquoi?

LE GEOLIER, *montrant Laureval.*

Voyez..... monsieur de Laureval vous a prévenu.

H 5

ROSALIDE, *avec ame.*

Il a délivré son père!..... Je reconnais mon
amant...... Ton père, où est-il?

LAUREVAL.

Hors de danger, et loin de ces lieux.

ROSALIDE, *avec joie.*

Nos maux sont finis!..... Viens, sortons de ce
triste séjour.

LAUREVAL.

Tout m'arrête.

ROSALIDE, *étonnée.*

Pourquoi? N'es-tu pas libre?

LAUREVAL.

Je suis enchaîné par les liens les plus forts.

ROSALIDE.

Quels sont ces liens?

LAUREVAL.

La probité, mon père et l'honneur.

ROSALIDE.

Que veux-tu dire?

LAUREVAL.

Ici, je représente mon père ; je suis détenu pour le reproduire, ou mourir. Je suis décidé.

ROSALIDE.

Malheureuse !..... Je ne te survivrai pas.

LAUREVAL.

Tu vivras pour consoler mon père.

ROSALIDE.

Allons le consoler ensemble, partons.

LAUREVAL.

Cela m'est impossible.

ROSALIDE.

Me refuser est barbarie.

LAUREVAL.

Y consentir serait lâcheté.

ROSALIDE.

Entends la voix de ton père qui t'appelle!

LAUREVAL.

Entends celle de l'honneur qui m'arrête.

ROSALIDE.

Dois-tu résister aux prières, aux larmes de ton amante ?

LAUREVAL, *avec la plus grande force.*

Oui; la nature doit l'emporter sur l'amour!

ROSALIDE.

Cède au désespoir de Rosalide.

LAUREVAL, *au désespoir.*

Il me déchire le cœur!..... Eh! quand je serais assez faible pour me rendre à tes sollicitations..... Comment m'éloigner? la garde.... cet homme?

ROSALIDE

N'aura rien à te refuser.

LE GEOLIER, *se jetant aux pieds de Laureval.*

Monsieur, c'est à genoux que je vous supplie de vous sauver; les fers et les verroux sont pour les scélérats, mais l'honnête homme doit être libre : partez et prenez-moi pour votre serviteur?

LAUREVAL.

Non!..... Non...... laissez-moi. Ne venez point affaiblir mon ame ; le sacrifice est commencé, il faut qu'il s'achève. (*On entend un grand bruit derrière le théâtre.*)

ROSALIDE.

Quel bruit affreux! quel tumulte épouvantable!

LAUREVAL.

Mon sang se glace d'horreur! Si c'était....,

EDMOND, *criant de toutes ses forces.*

Soyez, soyez humains, et respectez ma vieillesse.

ROSALIDE, *avec un cri douloureux.*

Grand Dieu! c'est Edmond!

LAUREVAL, *en frémissant.*

Malheureux! c'est lui, c'est mon père!

SCÈNE VIII.

LES PRÉCÉDENS, EDMOND, L'OFFICIER, DOUZE GRENADIERS, LA PIERRE, *les trois domestiques de Laureval; deux soldats, le sabre à la main.*

ENTRÉE.

Les grenadiers arrivent au pas redoublé, par la coulisse, à gauche de l'acteur, font halte, front, portent les armes, et garnissent le fond du théâtre. Edmond entre tout échevelé, et traîné par les deux soldats. La force lui manque, il tombe sur le genou droit, et s'appuie sur la main droite. Laureval est à la gauche, sur l'avant-scène. Les domestiques, en entrant, vont se ranger derrière lui. Rosalide est à la droite. Le geolier est du même côté de Laureval, sur le bord des lampes.

EDMOND, *en entrant, crie d'une voix tremblante.*

J'obéis, laissez-moi, laissez-moi.

LAUREVAL, *aux militaires.*

Cruels, cessez de le fouler à vos pieds, ou craignez ma rage. (*Il fait quelques pas pour aller à son père. L'Officier couvre le corps d'Edmond avec son épée, étend son bras gauche vers Laureval, et lui crie.....*)

N'approchez pas ! mes ordres sont rigoureux.

LAUREVAL, *décidé.*

Rien ne peut me retenir. (*à ses domestiques.*) Amis, secondez moi. (*Laureval et les domestiques font un mouvement.*)

L'OFFICIER.

Grenadiers.... armes !

(*Les grenadiers exécutent le commandement. Cela doit se faire avec la plus grande précision.*)

LE GEOLIER, *à genoux, derrière Laureval, et le retenant par son habit.*) Ne vous exposez pas !

LAUREVAL *présente son sein.*

Frappez, c'est assez d'une victime.

ROSALIDE *traverse le théâtre, se met devant Laureval, et tombe à genoux, les bras étendus vers les militaires.*

Arrêtez ! ou frappez-en deux à-la-fois.

(*Ceci doit faire tableau.*)

EDMOND, *à l'officier.*

Au nom de l'humanité, cessez de les me-
nacer! Me voilà, je suis à vos pieds, je ne
puis vous échapper. Pardonnez sa fureur,
elle est bien légitime.... il est mon fils! -

L'OFFICIER, *ému par la pitié.*

Votre fils! (*Aux grenadiers, avec la plus
grande force.*) Portez.... armes! (*les grenadiers exécutent.*

LAUREVAL et **ROSALIDE** *courant
relever Edmond.*

Mon père !

ROSALIDE.

Mon bienfaiteur !

EDMOND, *les pressant dans ses bras.*

Adieu, mes enfans ; il faut nous séparer à
jamais.... Embrassez votre père, pour la der-
nière fois. —Adieu, retenez vos larmes.... et
ne vous perdez pas pour moi. (*Il s'arrache
de leurs bras, et dit à l'officier.*) Allons,
qu'on me conduise à la mort.

SCÈNE IX et dernière.

LES PRÉCÉDENS, M. DE LUZINCOURT.

M. DE LUZINCOURT, *arrivant avec précipitation, dit avec le cri de l'ame :*

Non, je viens vous rendre tous à la vie!

LAUREVAL, *vivement.*

Auriez-vous sa grace?

M. DE LUZINCOURT, *avec explosion.*

Son innocence est reconnue! l'anglais est arrêté.

EDMOND, *levant les bras aux cieux.*

Divine providence!

LAUREVAL, *au comble de la joie, s'avance sur le bord du théâtre, tombe à genoux, les bras levés vers le ciel, et s'écrie avec transport :*

O ciel, je te rends grace; mon père ne périra point!

ROSALIDE *en fait autant.*

La vertu triomphe! ô mon Dieu, je reconnais

ta justice. (*Ils se relèvent ensuite, pour entendre le récit de M. de Luzincourt.*)

M. DE LUZINCOURT.

Je savais qu'Edmond avait été repris, et je frémissais pour vous deux. On me présente le capitaine. Voici le moment d'être juste, lui ai-je dit; répondez-moi. « Ce vieillard, qui vous » retira des flots, vient d'être jugé; parlez, » est-il votre complice? — Non, m'a-t-il répon- » du; je jure, par l'Etre suprême, que j'étais » seul dépositaire de mon secret; qu'il igno- » rait la récompense que je sollicitai pour lui; » je déclare que je suis seul coupable. Allez le » délivrer et punissez - moi, vous aurez un » ennemi de moins et un vertueux Français » de plus ». Alors, n'écoutant plus rien, trans- porté par cet aveu qui met le terme à vos malheurs, j'accours ici pour réparer notre in- justice, pour briser vos fers, et rendre le plus tendre des pères au meilleur de tous les fils.

LAUREVAL, *lui prenant la main.*

Ami, que ne vous dois-je pas!

EDMOND, *lui prenant aussi la main.*

Ah! monsieur, la plus vive reconnaissance!

M. DE LUZINCOURT, *avec noblesse et sensibilité.*

Point d'obligation; le devoir de tout homme en place est de conserver le sang innocent.

LAUREVAL.

O mon ami !

M. DE LUZINCOURT.

Cher Lauréval, le croirais-tu ? le conseil allait prononcer ton arrêt. — Mais à présent quel triomphe pour toi !

LAUREVAL, *du ton le plus sensible et le plus important.*

Quelle leçon pour les juges ! Crime, preuves, et innocence..... Je m'en souviendrai, et les infortunés n'y perdront pas.

EDMOND.

Mon fils, désormais défie-toi des apparences ; lorsqu'on te présentera quelque malheureux, pense à ton père.

M. DE LUZINCOURT, *à Edmond.*

Homme bienfaisant, vous avez conservé les jours de Rosalide ; qu'elle s'unisse à Laureval. Que toute inimitié cesse avec madame de Losanges, et que cet hymen soit le gage de votre réconciliation.

EDMOND.

Ah ! mon cœur n'est pas fait pour la haine. Il manquait à mon bonheur de voir celui de mes enfans.

ROSALIDE, *donnant un papier à Laureval.*

Tiens, reprends ta promesse, et qu'elle te

rappelle que tu fus parjure un instant, pour ne l'être jamais.

LAUREVAL *met la promesse dans sa poche.*

Oublions nos erreurs, nos fautes et nos revers ; pour moi je ne regretterai plus mes souffrances, si mon exemple peut corriger les mauvais fils, et me valoir l'estime des bons. Une mère peut être faible, un enfant peut s'égarer ; mais, dans les belles ames, le sentiment ne s'éteint jamais ; et, tôt ou tard, le Devoir et la Nature les rendent à la vertu.

F I N.

A PARIS, de l'imprimerie de CAILLEAU, Éditeur-Propriétaire *du Mercure de France*, rue de la Harpe, N°. 461, en face de celle des Cordeliers.

www.ingramcontent.com/pod-product-compliance
Lightning Source LLC
Chambersburg PA
CBHW071952110426
42744CB00030B/1157